POLYGLOTT

BUDAPEST

ON TOUR

DIE AUTORIN

ALICE MÜLLER

machte ihre erste Bekanntschaft mit Budapest 2003. Damals
hätte sie sich nicht träumen lassen, dass sie eines
Tages in dieser Stadt mit ihrer scheinbar unverständlichen
Sprache leben würde. Genau das tut sie aber seit
2008. Sie arbeitet als interkulturelle Trainerin und Autorin.
Und Ungarisch hat sie auch gelernt.

W0180350

Unser E-Book-Code zur elektronischen Erweiterung des
POLYGLOTT on tour. Däs kostenlose E-Book enthält die im
Reiseführer aufgeführten Adressen entlang der Touren,
beispielsweise zu Essen und Trinken, Shoppen, Aktivitäten
und Hotel-Tipps. Links auf einen externen Kartendienst
vereinfachen das Auffinden dieser Adressen.

WWW.POLYGLOTT.DE

💬 SEITENBLICK

27	Budapest persönlich
59	Musik
78	Thermalbäder
86	Kaffeehäuser
150	Donau-Ausflüge

👍 ERSTKLASSIG

30	Legendäre Hotels
37	Stilvolle Restaurants
41	Märkte mit Lokalkolorit
43	Hotspots des Nachtlebens
102	Gratis entdecken

▶ ALLGEMEINE KARTEN

4	Übersichtskarte der Kapitel
46	Die Lage von Budapest

▶ STADTTEIL-KARTEN

72	Buda mit Burgviertel
88	Pester Innenstadt
112	Pest der Gründerzeit
127	Margareteninsel
131	Óbuda und Óbudaer Insel
133	Aquincum
138	Ausflüge

6 TYPISCH

8	Budapest ist eine Reise wert!
11	Was steckt dahinter?
12	50 Dinge, die Sie …
159	Meine Entdeckungen
160	Checkliste Budapest

20 REISEPLANUNG & ADRESSEN

22	Die Stadtviertel im Überblick
23	Klima & Reisezeit
24	Anreise
25	Stadtverkehr
29	Unterkunft
33	Essen & Trinken
39	Shopping
42	Am Abend
152	Infos von A–Z
155	Register & Impressum

44 LAND & LEUTE

46	Steckbrief
48	Geschichte im Überblick
52	Natur & Umwelt
52	Die Menschen
54	Kunst & Kultur
61	Feste & Veranstaltungen
158	Mini-Dolmetscher

SYMBOLE ALLGEMEIN

 Erstklassig: Besondere Tipps der Autoren

💬 Seitenblick: Spannende Anekdoten zum Reiseziel

 Top-Highlights und

 Highlights der Destination

62 TOUREN & SEHENSWERTES

64 BUDAER HIGHLIGHTS
66 Tour ❶ Das Burgviertel
75 Tour ❷ Auf dem Gellért-Berg
77 Tour ❸ Rund um den Széll Kálmán tér

82 PESTER INNENSTADT & LEOPOLDSTADT
84 Tour ❹ Bummel durchs Zentrum
93 Tour ❺ Um den Kálvin tér
97 Tour ❻ Im Parlamentsviertel

103 PEST DER GRÜNDERZEIT
105 Tour ❼ Auf Budapests Prachtstraße
115 Tour ❽ Museen und Freizeitoasen
119 Tour ❾ In der Elisabethstadt

124 DONAUINSELN, ÓBUDA & AQUINCUM
126 Tour ❿ Margareteninsel
129 Tour ⓫ Auf den Spuren der Römer

136 AUSFLÜGE & EXTRA-TOUREN
137 Sisi-Schloss Gödöllő
138 Memento Park
139 Budaer Berge
142 Friedhöfe
145 Tour ⓬ Romantisches Wochenende in Budapest
146 Tour ⓭ Drei Tage Kultur pur
148 Tour ⓮ Budapest – einmal anders
149 Tour ⓯ Auf der schönen blauen Donau

TOUR-SYMBOLE		PREIS-SYMBOLE	
❶ Die POLYGLOTT-Touren		Hotel DZ	Restaurant
6 Stationen einer Tour	€	bis 60 EUR	bis 10 EUR
❶ Zwischenstopp Essen & Trinken	€€	60 bis 100 EUR	10 bis 20 EUR
📖 A1 Die Koordinate verweist auf	€€€	über 100 EUR	über 20 EUR
die Platzierung in der Faltkarte			
📖 a1 Platzierung Rückseite Faltkarte			

Donauinseln S. 124

Budaer Highlights S. 64

Pester Innenstadt S.

Esztergom

Donauknie

Museum
Aquincum

Hajógyár-
sziget

Óbuda

START
11

START
10

Margit-
sziget

Szépvölgyi út

Budakeszi út

Szilágyi Erzsébet fasor

START
3

Széll
Kálmán tér

Batthyány
tér

Nyugati
pályaudvar

Déli
pályaudvar

Budavári
Palota
(Burgpalast)

Donau

Széchenyi
lánchíd

Erzsébet
híd

Ferenc
tere

Zitadelle

Szent
Gellért

Móricz
Zsigmond
körtér

Újbuda-központ

Rétköz

1 km

N

Gy vr, Balaton

Dunaújváros, Pécs

9

7

4

6

7

5

1

15

2

3

11

12

Perfekte Planung › Parallel vordere Klappe aufschlagen

TOP-12-HIGHLIGHTS

1 BURGPALAST › S. 66

2 MATTHIASKIRCHE › S. 70

3 GELLÉRT-BAD › S. 76

4 CAFÉ GERBEAUD › S. 85

5 VÁCI UTCA › S. 91

6 ZENTRALE MARKTHALLE › S. 93

7 PARLAMENT › S. 100

8 ANDRÁSSY ÚT › S. 106

9 WESTBAHNHOF › S. 109

10 GROSSE SYNAGOGE › S. 119

11 MARGARETENINSEL › S. 126

12 SZENTENDRE › S. 150

ZEICHENERKLÄRUNG DER KARTEN

beschriebenes Stadtviertel (Seite=Kapitelanfang)

10 E h Sehenswürdigkeiten

10 Zwischenstopp Essen & Trinken

4 Tourenvorschlag

Autobahn

Schnellstraße

Hauptstraße

sonstige Straßen

Fußgängerzone

Eisenbahn

Staatsgrenze

Landesgrenze

Nationalparkgrenze

Der Name der Fischerbastei geht auf die
Zeit zurück, als die Zunft der Fischer diesen
Abschnitt der Stadtmauer schützte

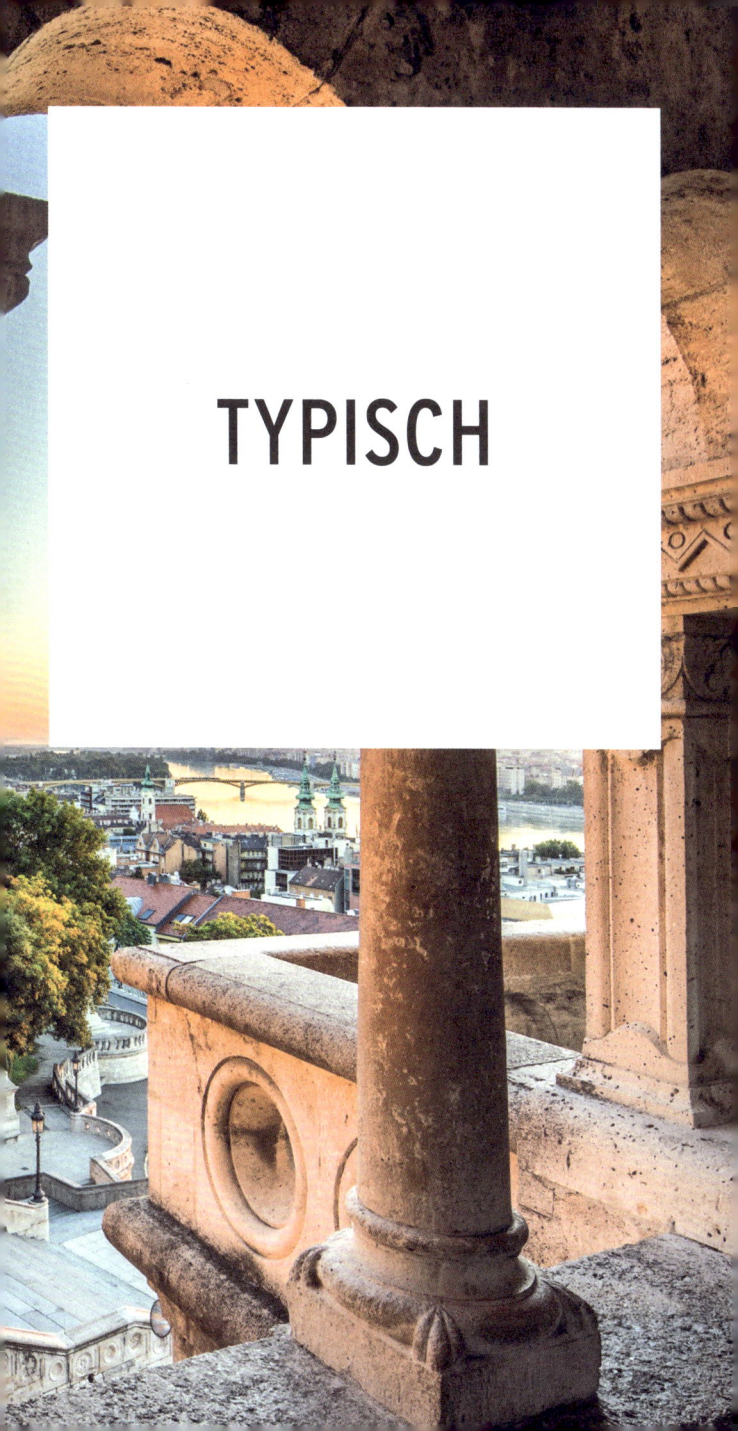

TYPISCH

BUDAPEST IST EINE REISE WERT!

Historistische Prachtbauten, eine wechselvolle Geschichte, die man an jeder Straßenecke spürt, eine innovative Kulturszene und ein Nachtleben, das Partyvolk aus ganz Europa anzieht – es ist der frische Wind in alten Gemäuern, der die Donaumetropole so attraktiv macht.

ALICE MÜLLER

Die Autorin machte ihre erste Bekanntschaft mit Budapest 2003. Damals hätte sie sich nicht träumen lassen, dass sie eines Tages in dieser Stadt mit ihrer scheinbar unverständlichen Sprache leben würde. Genau das tut sie aber seit 2008. Sie arbeitet als interkulturelle Trainerin und Autorin. Und Ungarisch hat sie auch gelernt.

Ich erinnere mich noch lebhaft an meinen ersten Besuch in Budapest. Genauer gesagt daran, wie er sich anfühlte. Budapest war bis dahin für mich nur ein Name gewesen für eine Metropole im ehemaligen Ostblock, die sich nur durch zwei Buchstaben von Bukarest unterschied, weshalb ich immer achtgeben musste, nichts Falsches zu sagen. Die Budapester sind nämlich nicht nur freundlich zu Gästen, sondern auch sehr stolz auf ihre Stadt.

Nun war ich da – und staunte. Ich sah, wie sich reich verzierte Gründerzeitfassaden hinter Ostblock-Grau versteckten. Entdeckte in leicht modrig riechenden Treppenhäusern prächtige schmiedeeiserne Gitter und überbordende Stuckdekorationen. Hielt auf der Rolltreppe der U-Bahn den Atem an und mich selbst gut fest, weil sie mindestens doppelt so schnell fährt wie andernorts. Und bewunderte die enorme Kreativität, die die Bewohner dieser Stadt an den Tag legen, sei es bei der Erledigung von Alltagsgeschäften oder bei der Entwicklung und Verwirklichung neuer Ideen.

Dementsprechend gibt es heute nur wenig, was noch genauso aussieht wie bei meinem ersten Besuch in Budapest, obwohl er gemessen an den historischen Dimensionen, in denen die Stadt sich entwickelt hat, noch gar nicht so lange her ist. Irgendwo wird immer etwas gebaut, renoviert, umgenutzt oder umbenannt. Was trotz allem gleich bleibt: Es gibt immer etwas Neues zu entdecken!

Wer zum ersten Mal in Budapest ist, fährt mit der Standseilbahn zum Burgberg hinauf und bewundert von der Fischerbastei aus das einzigartige Donaupanorama mit kühnen Brückenkonstruktionen und monumentalen Prachtbauten am Flussufer. Beim Bummel durch die Straßen findet er Badetempel aus osmanischer Zeit und Jugendstilpaläste mit buntem Keramikdekor neben kommunistischen Funktionsbauten, Nostalgie aus der K.-u.-k.-Ära gepaart mit Pragmatismus. Er lernt mit dem jüdischen Viertel einen Stadtteil kennen, der sich auf seine Wurzeln besinnt und gleichzeitig In-Viertel ist.

Das Schöne ist: Die Stadt ist kein Freilichtmuseum. In viele Gründerzeitbauten sind Designhotels und Szenerestaurants eingezogen, Bauten aus der kommunistischen Ära beherbergen Kreativwerkstätten und Klubs. Umgekehrt leben sogar an touristischen Hot Spots wie dem historischen Burgviertel noch »echte« Menschen, die ihren Hund Gassi führen oder sich im Café ein Stück Torte genehmigen.

Wer zum wiederholten Mal in die Stadt kommt, hat Zeit, zuvor übersehene Details zu entdecken, etwa die Raben auf dem Dach der Matthiaskirche oder das Giebelmosaik am Bankhaus Török. Er lässt sich von der Großstadtatmosphäre inspirieren, testet neue Restaurants, stürzt sich ins Nachtleben und steht überrascht vor einem neuen Klub oder einer gerade eröffneten Ruinenkneipe, findet dafür aber vielleicht sein Lieblingslokal vom letzten Besuch nicht mehr.

In dem gleichen rasanten Tempo, in dem die Stadt sich verändert, leben auch ihre Bewohner. Das Durchschnittseinkommen liegt bei 900 Euro im Monat; die Lebenshaltungskosten sind im Vergleich dazu hoch. Wer arbeitet,

Der belebte Vörösmarty tér ist das Zentrum der Pester Innenstadt

tut das in der Regel Vollzeit, gibt seine Kinder in Krippen und Kindergärten und nimmt Nebenverdienste mit, wenn sich diese gerade anbieten. Trotz dieser Geschäftigkeit weiß man aber auch die schönen Seiten des Lebens zu schätzen. Man entspannt im Thermalbad, geht in einem der Ausgehviertel essen oder trifft sich in der Zentralen Markthalle zum Schwatz.

Groß ist das Interesse am Kulturleben, das in meinen Augen Budapests größter Pluspunkt ist. Es gibt keinen Tag in der Woche, an dem man nicht die Wahl unter mehreren Dutzend Konzerten, Theatervorstellungen, Filmen, Ausstellungen, Autorenlesungen etc. hätte. Hinzu kommt, dass sich diese Dichte mit einer außergewöhnlich hohen Qualität paart.

Natürlich gibt es immer wieder auch fragwürdige Erlebnisse, die in der Regel mit der Experimentierfreude der Künstler zusammenhängen – aber etwas Mittelmäßiges habe ich in Budapest bisher kaum je gesehen und gehört. Hochkarätiges umso mehr: ob Klassik beim Frühlingsfestival, in der Musikakademie oder im Palast der Künste, Rock und Weltmusik beim Sziget-Festival, Ausstellungen in der Nationalgalerie oder im Museum Ludwig …oder einfach spontan ein Klezmerkonzert oder eine Swing-Combo bei einem Glas ungarischem Rotwein in einem kleinen Café irgendwo im VII. Bezirk. In diesem Sinne: herzlich willkommen in diesem theatralischen, größenwahnsinnigen, ausgelassenen und melancholischen Mikrokosmos namens Budapest!

Für Entspannung nach dem Pflastertreten sorgen Budapests Thermalbäder

WAS STECKT DAHINTER?

Die kleinen Geheimnisse sind oftmals die spannendsten. Hier werden die Geschichten hinter den Kulissen erzählt.

WARUM HEISST UNGARNS HAUPTSTADT BUDAPEST?

Die Antwort scheint auf der Hand zu liegen: Weil die eine Hälfte der Stadt Buda heißt und die andere Pest. Ganz so einfach war die Sache aber nicht: Erstens wurden 1872 drei ehemals selbstständige Städte vereinigt: Buda, Pest und Óbuda, und letztere wurde bei der Namensvergabe einfach unterschlagen. Und zweitens war es lange alles andere als ausgemacht, dass der Name der neuen Stadt »Budapest« lauten sollte. Die Doppelstadt war bis dahin als Pest-Buda bekannt gewesen, und in den Entscheidungsgremien machten noch ganz andere Vorschläge die Runde. Vom patriotischen »Honderű« (»Heimatfreude«) bis hin zu »Virágoskert« (»Blumengarten«) war den Stadtvätern nichts zu abstrus. Zum Glück fand keine dieser Ideen eine Mehrheit, und so blieb es am Ende beim nüchternen, aber wohlklingenden Budapest.

WAS HAT ES MIT DEN BRUNNEN BEIDSEITS DES PARLAMENTS AUF SICH?

Es handelt sich nicht um Brunnen, sondern um die historische Klimaanlage. Die Schächte wurden mit Eisblöcken befüllt, die dann für kühle Luft im Sitzungssaal sorgten. Diese Art der Kühlung wurde bis 1997 praktiziert. Da es bis heute keine Möglichkeit gibt, die Kühlung des riesigen Gebäudes so zu regeln, dass der Anblick nicht beeinträchtigt wird, bläst man heutzutage kaltes Wasser in die Schächte, das dort elektronisch zerstäubt wird. Bei starker hochsommerlicher Hitze wird zusätzlich eine externe Klimaanlage in Betrieb genommen. Die Heizung läuft entsprechend mit heißem Wasserdampf.

WAS MACHT EINE ISLAMISCHE PILGERSTÄTTE IN BUDAPEST?

Im vornehmen Wohnviertel Rózsadomb (Rosenhügel) oberhalb der Margaretenbrücke steht etwas versteckt ein achteckiger Bau mit halbmondverzierter Kuppel – unverkennbar islamisch. 1541 eroberten die Osmanen Buda; an dem Feldzug nahm auf Einladung von Sultan Süleyman hin auch ein Derwisch namens Gül Baba teil, der »Vater der Rosen«. Der Mystiker und Dichter starb allerdings wenige Tage nach Einnahme der Stadt. Süleyman schätzte ihn so hoch, dass er ihm ein Ehrengrab am damaligen Stadtrand erbauen ließ. Die Türbe gilt als nördlichste Pilgerstätte des Islam. 2018 aufwendig renoviert, ist das Gelände auf dem Rosenhügel ein schöner Ort für eine Pause: ein Brunnen plätschert, Rosen duften, ein Café schenkt Tee und türkischen Mokka aus (II., Mecset u. 14).

50 DINGE, DIE SIE ...

Hier wird entdeckt, probiert, gestaunt, Urlaubserinnerungen werden gesammelt und Fettnäpfe clever umgangen. Diese Tipps machen Lust auf mehr und lassen Sie die ganz typischen Seiten erleben. Viel Spaß dabei!

... ERLEBEN SOLLTEN

1 Panorama-Joggen Die Margareteninsel wird von einer federnden Tartanbahn › S. 128 umrundet, die fast durchgängig dem Donauufer folgt. Beim Laufen genießt man stets wechselnde Panoramen der vom Strom durchflossenen Metropole.

2 Baden wie ein Pascha Der zentrale Kuppelbau des Rudas-Bades › S. 78 stammt noch aus osmanischer Zeit. Wenn durch das bunte Glas in der Decke Licht auf das Wasserbecken fällt, fühlt man sich ein Märchen aus 1001 Nacht versetzt.

Auf der Margareteninsel bereiten sich viele Läufer auf einen Marathon vor

3 Eislaufen im Stadtwäldchen Direkt hinter dem Heldenplatz › S. 111 eröffnet im Winter Europas größte Freiluft-Kunsteisbahn. Besonders romantisch ist eine Schlittschuhpartie nach Einbruch der Dunkelheit bei Flutlichtbeleuchtung (XIV., Olof Palme sétány 5, www.mujegpalya.hu).

4 Durchblick gewinnen Elton John trägt sie und Robbie Williams auch: die aus alten LPs hergestellten Brillen der Budapester Manufaktur Tipton 🔖 C7. Bei Workshops kann man unter fachkundiger Anleitung sein Wunschmodell designen (V., Irányi u. 20, www.tiptonbudapest.com).

5 Fototermin mit Sisi Am Krönungswochenende im Juni stellen im Schloss Gödöllő › S. 137 Schauspieler Szenen aus dem Leben von Sisi und Franz Joseph nach, den Stars des Habsburger-Clans. Besucher können sich mit den Majestäten ablichten lassen – beim Tee im Salon oder beim Flanieren im Park.

6 Aufstieg zum 24-Ochsen-Hügel Der Süden der Budaer Berge › S. 139 mit seinen zerklüfteten Kalkfelsen und Pinienwäldchen ist ein lohnendes Wanderrevier. Bei den fünfstündigen Touren von Trails of Budapest erfährt man unter ande-

Die Linie 2 fährt auf einer der schönsten Straßenbahnstrecken der Welt

rem, woher der Huszonnégyökrös-hegy seinen Namen hat (Tel. 70-361-9974, www.trailsofbudapest.com).

7 Sightseeing auf Schienen Die gelben Waggons der Tramlinie 2 sind perfekt für die erste Orientierung: Sie fahren am Pester Donauufer entlang und passieren dabei Sehenswürdigkeiten wie das Parlament und die Kettenbrücke (www.bkk.hu).

8 Spaziergang zu Drehorten Die Donaumetropole hat in Hollywood-Blockbustern Moskau, Buenos Aires, Paris und natürlich auch sich selbst gespielt: Bei Film-Location-Touren besucht man die Sets von Filmen wie »Red Heat«, »Evita«, »Underworld« oder »Der Marsianer« (www.withlocals.com, www.viator.com).

9 Torten-Styling Die Kunst der ungarischen Zuckerbäcker ist legendär und hat zahlreiche Klassiker hervorgebracht. Wie man Esterházy-Torte oder Rákóczi-Cremeschnitte selbst macht, zeigt die alteingesessene Konditorei Auguszt › S. 80 in Kursen mit wechselnder Thematik. Die Rezepte darf man anschließend mit nach Hause nehmen.

10 Tanzhaus Im Kulturzentrum Fonó Budai Zenehá › S. 60 wird jeden Mittwoch ab 20 Uhr zu ungarischer Volksmusik getanzt: Bei den offenen Kursen stellen sich alle Teilnehmer im Kreis auf, der Leiter führt vor, wie es geht, und dann wird einfach losgelegt. Die Stimmung ist jedesmal fantastisch (XI., Sztregova u. 3, www.fono.hu).

11 **Flucht aus dem Keller** Budapest gilt als Hochburg der Live-Escape-Spiele – dabei muss man sich durch Rätsellösen aus Räumen befreien, die oft im Keller leer stehender Wohnblocks liegen. Jedes Spiel hat ein Motto – beliebt sind Szenarien des Kalten Krieges (u. a. MindQuest ▮ D6, Klauzál u. 19, www.mindquest.hu).

... PROBIEREN SOLLTEN

12 **Puszta-Fleisch** Steaks vom Steppenrind und Wollschwein-Koteletts sind voll im Trend. Im Vörös Postakocsi › S. 96, der »Roten Postkutsche«, kann man auch Tartar oder Räucherschinken aus dem delikaten Fleisch dieser alten ungarischen Haustierrassen probieren.

13 **Jüdische Kalorienbombe** Flódni nennt sich ein Schichtgebäck aus Mohn, Äpfeln und Walnüssen, das traditionell zum jüdischen Purim-Fest zubereitet wird. Die koschere Konditorei Fröhlich › S. 122 im jüdischen Viertel backt den gehaltvollen Kuchen das ganze Jahr über nach geheimem Familienrezept.

14 **Lángos** ist ein schneller Snack auf die Hand, den man auf Märkten › S. 41 bekommt. Der in Öl ausgebackene Hefefladen kommt klassisch mit saurer Sahne und geriebenem Käse daher, es gibt aber zahllose Varianten. Fetttriefend, aber sättigend und unglaublich lecker.

15 **Kürtőskalács** Kürtő was? Hinter dem unaussprechlichen Namen verbergen sich mit Zimt und Zucker oder gehackten Nüssen bestreute, röhrenförmige Kuchen. An speziellen Ständen werden sie auf Rollen über Holzfeuer frisch gebacken (z. B. an der Ecke Károly körút/Andrássy út ▮ C6 beim Deák Ferenc tér).

Gut und günstig – Lángos bekommt man für wenig Geld an fast jeder Ecke

16 Craft Beer Die Vorreiter dieser Bier-Bewegung lassen sich von überholten Regeln wie dem Reinheitsgebot nicht beirren. Ob Helles mit Ingwer oder Starkbier mit Schokogeschmack – der Fantasie sind keine Grenzen gesetzt. Über 20 Sorten vom Fass schenkt das Élesztő aus ▮ E8 (IX., Tőzoltó u. 22, www.elesztohaz.hu).

17 Túró Rudi Der mit Frischkäse gefüllte Schokoriegel ist die beliebteste ungarische Süßigkeit; das Original erkennt man an der weißen Verpackung mit roten Punkten. Seit den 1960er-Jahren veränderungsresistent und in jedem Lebensmittelladen erhältlich, schmeckt der Pausensnack gut gekühlt am besten.

18 Flambierter Palatschinken ist die Spezialität des Gundel › S. 118: häufig kopiert, aber nie erreicht. Das Original hat eine Füllung aus Rosinen und karamellisierten Walnüssen und wird mit einer Soße aus dunkler Zartbitterschokolade und Rum übergossen.

19 Pörkölt vom Hahnhoden Als Fruchtbarkeitssymbol durfte das Gericht früher auf keiner ländlichen Hochzeit fehlen. Kulinarische Abenteurer können es in der Szegedi Halászcsárda › S. 37 probieren. Sieht aus wie Oliven, schmeckt wie Kalbsleber – wäre nur das Kopfkino nicht ...

20 Edel-Snacks McDonald's war gestern, heute ist hochwertiges Street Food angesagt. Karaván ▮ D6 entführt mit Mangalitza-Wurst und Piroggen, jüdischen Knishes, Tortillas

Nach den Krönungsinsignien ist die Heilige Rechte das wichtigste nationale Symbol

und Sushi-Burgern auf eine kulinarische Weltreise im Hinterhof (VII., Kazinczy u. 18).

21 Schichtarbeit Eine Budapester Erfindung ist die Dobos-Torte: sechs Lagen Biskuit, dazwischen Buttercreme, alles mit einer Karameldecke überzogen. Sie ist nur eine von etwa 100 Kuchen im Repertoire der Konditorei Auguszt › S. 80.

... BESTAUNEN SOLLTEN

22 Heilige Rechte In der St.-Stephans-Basilika › S. 102 wird ein ganz besonderer Schatz aufbewahrt: die mumifizierte rechte Hand von König Stephan I. Nach Einwurf einer 200-Forint-Münze wird der Schrein, der die kostbare Reliquie enthält, effektvoll beleuchtet.

Im Treppenhaus des Parlaments ist alles Gold, was glänzt

23 Villa Kunterbunt Einer von Budapest skurrilsten Bauten steht hinter dem Westbahnhof: Die Farben und Formen furchtlos kombinierende Lehel-Markthalle › S. 56 sieht aus wie die Kreuzung eines Ozeanriesen mit einem griechischen Tempel.

24 Diebischer Rabe Auf einem Dachreiter der Matthiaskirche › S. 70 sitzt ein Rabe mit einem goldenen Ring im Schnabel. Keine Sorge: Er ist aus Stein und das Wappentier von König Matthias Corvinus.

25 Bauhaus in Budapest In der Napraforgó utca im II. Bezirk wurde 1931 eine Mustersiedlung moderner Architektur 📖 E8 angelegt. Die 22 Villen sind Paradebeispiele des Bauhausstils und zeugen von der Aufbruchsstimmung dieser Epoche.

26 Goldrausch Bei der Ausgestaltung des Parlaments › S. 100 sollen 40 Kilogramm Gold verwendet worden sein – angesichts des prächtigen, zur Kuppelhalle hinaufführenden Treppenhauses scheint dies noch niedrig gegriffen.

27 Barockes Schmuckkästchen Kaum bekannt ist der Corvin tér 📖 B6 in der Wasserstadt am Fuß des Burgbergs. Hübsch restaurierte Barockbauten säumen den malerischen Platz mit Parkcafé und plätscherndem Brunnen im Zentrum.

28 Vibrierende Leinwand Im Vasarely-Museum › S. 133 sorgt Procion-MC für Verblüffung, ein 2,5 m hohes, illusionistisches Gemälde. Seine Bildfläche scheint zu pulsieren und große Blasen zu bilden.

29 Musikalisches Feuerwerk Paprika im Blut und Sprungfedern in den Stiefeln – selten ist mehr Feuer und Leidenschaft auf einer Bühne versammelt als bei den Aufführungen des Budapester Operettentheaters › S. 60. Top-Solisten, opulente Kostüme und das festliche Ambiente mit Kristalllüstern und Samttapeten lassen den Funken vom ersten Moment an überspringen.

30 Jugendstil-Geschichtslektion Steinerne Masken schmücken den Giebel des früheren Bankhauses Török am Szervita tér ▮ C6 und ein wundervolles Jugendstilmosaik stellt die Patrona Hungariae dar, umgeben von verdienstvollen Landsleuten (V., Szervita tér 3).

31 Riesenstiefel Bei einem Rundgang durch den Memento Park › S. 138 stößt man am Eingang auf zwei riesige, herrenlose Stiefel aus Bronze. Sie gehörten zu einer 8 m hohe Stalin-Statue, die einst auf dem Paradeplatz stand und bei der Revolution von 1956 dem Volkszorn zum Opfer fiel.

... MIT NACH HAUSE NEHMEN SOLLTEN

32 Pick-Salami Durch die Szegeder Wurstfabrik erlangte die ungarische Salami Weltruhm. In der Zentralen Markthalle › S. 93 bekommt man sie in allen Varianten: hart und weich, scharf und mild, mit und ohne Paprika. Der Klassiker ist die Wintersalami.

33 Papr!kum Mit Péter Toronyis knallroter, mit dem Ungarischen Designpreis prämierter Gewürzmühle kann man in der Zentralen Markthalle erworbene getrocknete Paprikaschoten zu Hause stilvoll zu Pulver reiben (u. a. bei Design Terminal ▮ C6, V., Erzsébet tér 1).

34 Gesundheit in Flaschen In den Bädern Rudas › S. 78 und Széchenyi › S. 78 sprudelt aus Brunnen mineralhaltiges Heilwasser. In mitgebrachte Gefäße abgefüllt, fördert es das Wohlbefinden – am besten morgens auf nüchternen Magen trinken!

35 Retro-Treter Der ungarische Sportschuhhersteller Tisza ▮ D7 stattete zu Zeiten des Realsozialismus ganze Olympiamannschaften aus. Seit dem gelungenen Relaunch der Traditionsmarke sind die Schuhe mit dem stilisierten »T« wieder Kult (VII., Károly körút 1, www.tiszacipo.hu).

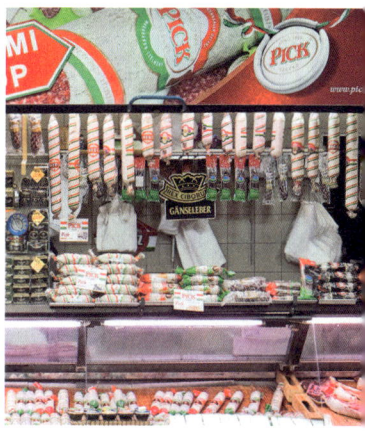

Pick-Salami – das Original trägt eine Banderole in den Nationalfarben

36 Welterbe-Wein »König der Weine, Wein der Könige«, soll schon Ludwig XIV. vom Tokajer gesagt haben. Die besten dieser edelsüßen, goldgelben Tropfen reifen auf den Parzellen von István Szepsy und sind bei Bortársaság › S. 38 erhältlich.

37 Gipsy-Swing »Budapest Bár« nennt sich ein Projekt, bei dem eine Roma-Combo mit Sängern der ungarischen Undergroundszene der Musik der Swing-Ära huldigt. CDs gibt's bei Musicland 📙 D6 (VII., Almássy tér 8, www.musicland.hu) oder noch besser: bei einem Konzert.

38 Hirtenhund zum Kuscheln Nicht in voller Lebensgröße, sondern von Kamilla Uhlár auf Kissen gestickt. Bevorzugtes Motiv der Textildesignerin sind ungarische Haustierrassen – mit dem Puli teilt man gern sein Sofa (Magma 📙 C7, V., Petőfi Sándor u. 11, www.magma.hu).

39 Ungarischen Erfindergeist Bei Memories of Hungary 📙 C6 gibt es eine Kreativ-Box, die neben dem Rubik-Würfel auch den Gömböc enthält, einen Körper, der immer wieder in seine stabile Gleichgewichtslage zurückkehrt (V., Hercegprimás u. 8, www.memoriesofhungary.hu).

40 Süße Zungenbrecher Katzenzungen (ungarisch: Macskanyelv) machten die Budapester Konditorei Gerbeaud › S. 85 weltberühmt und werden dort noch heute in hübschen Geschenkpackungen verkauft. Zur Auswahl stehen Vollmilch-, Zartbitter- und weiße Schokolade.

41 Romani-Design Bei den Entwürfen von Erika Varga treffen Elemente der Roma-Volkstracht auf moderne Schnitte und Materialien – der Erlös finanziert soziale Projekte (u. a. bei Fian Koncept Design Shop 📙 A6, I., Úri u. 26–28, www.fian.hu).

Die Musik von Budapest Bár ist ebenso ungewöhnlich wie mitreißend

... BLEIBEN LASSEN SOLLTEN

42 Schwarz fahren Das Bußgeld für diesen Straftatbestand beträgt 8000 Forint. Man verschmerzt es aber leichter als den hochnotpeinlichen Wirbel, den manche Kontrolleure machen. Besonders beflissene Vertreter rufen sogar die Polizei.

43 Russisch sprechen Obwohl vor der Wende Russisch an den Schulen Pflichtfach war, pflegen viele Ungarn heute lieber das Vergessen – das Verhältnis zur einstigen »Brudernation« ist belastet.

44 Geldwechsel auf der Straße Entsprechende Angebote sollte man freundlich, aber bestimmt ablehnen. Man verstößt damit nicht nur gegen ein Verbot, die Wahrscheinlichkeit ist auch hoch, einem Betrüger auf den Leim zu gehen.

45 Kuschelkurs im Restaurant An einen besetzten Tisch setzt man sich in Budapest nur, wenn man an einer kürzeren oder längeren Beziehung mit der Person interessiert ist. Ansonsten wahrt man Distanz.

46 Spontaner Parlamentsbesuch Die Führungen sind begehrt – wer nicht reserviert, geht häufig leer aus. Am besten bestellt man die Tickets im Voraus, vor Ort im Besucherzentrum oder auf www.jegymester.hu.

47 Rucksack im Bus Öffentliche Verkehrsmittel sind in Budapest voller, als man es von zu Hause ge-

Budapests günstiger Nahverkehr macht Schwarzfahrer um eine Ausrede ärmer

wohnt ist. Geschulterte Rucksäcke stören da nicht nur, sie sind auch eine Einladung für Taschendiebe.

48 Schnäppchenkäufe In der Nähe touristischer Attraktionen bieten fliegende Händler Handys, Uhren, Parfüm, Kleidung etc. zu Dumpingpreisen an. Finger weg – die Ware ist das Geld garantiert nicht wert.

49 Drinks spendieren Jedenfalls nicht gut aussehenden, kontaktfreudigen jungen Frauen. Die Konsumdamen – ja, sie heißen wirklich so – haben Absprachen mit dem Lokal der Wahl, und der kleine Flirt kann sich als teurer Spaß erweisen.

50 Begriffe verwechseln Was im deutschen Sprachraum als Gulasch bekannt ist, heißt in Ungarn Pörkölt oder Paprikás. Wer hingegen Gulyás bestellt, bekommt eine klare Suppe mit Rindfleisch und Gemüse.

Nicht nur für kulinarische Mitbringsel ist die Zentrale Markthalle am Fővam tér eine wahre Fundgrube

REISEPLANUNG & ADRESSEN

DIE STADTVIERTEL IM ÜBERBLICK

Als Königin der Donau wird Ungarns Hauptstadt bezeichnet. Ihre zauberhafte Lage beiderseits des mächtigen Stroms, ihre wechselvolle Geschichte, das reiche Kulturangebot vermischt mit einer kräftigen Portion
Operettenromantik lassen jeden Besuch zu einem Erlebnis werden.

Von seiner kreativsten Seite zeigt sich Budapests Nachtleben in den Ruinenbars

Für die Ungarn selbst ist ihre Metropole Zentrum und Schaltzentrale des Landes – sowohl in kultureller als auch in wissenschaftlicher und politischer Hin-
sicht. Seit der Wende 1989 und insbesondere in den Jahren ab 2005 entwickelte sich Budapest zu einer modernen, weltoffenen Millionenstadt. Ein enormer
Bau- und Renovierungsboom setzte ein: Attraktionen wie das barocke Burgviertel, die Flaniermeile Donaukorso oder die Andrássy út wurden vom Staub
der Tristesse aus kommunistischer Zeit befreit und gehören zum UNESCO-
Weltkulturerbe. Gepflegte Grünanlagen ersetzten zuvor nur als Parkplatz die-
nende Flächen, in abbruchreifen Hinterhöfen pulsiert das Nachtleben.

Budapest lässt sich in vier Stadtteile gliedern – zum einen die ursprünglich
selbstständigen Siedlungen, die sich 1873 zusammenschlossen: das einst barocke **Óbuda** mit den Resten der Römerstadt Aquincum und das hügelige
Handwerkerstädtchen **Buda** samt dem Burgberg. Auf der flachen Donauseite vis-à-vis wuchs die Handelsstadt **Pest**, die heutige **Innenstadt**, gegen
Ende des 19. Jh. rasant über die kleine Ringstraße hinaus, die dem Verlauf
der einstigen Stadtmauer folgt. Es entstand als vierter Stadtteil das **Pest der
Gründerzeit** mit monumentalen Wohn- und Geschäftshäusern sowie
prunkvollen Kulturbauten im Jugendstil und Eklektizismus.

KLIMA & REISEZEIT

Budapest kann man das ganze Jahr über besuchen – interessante Veranstaltungen gibt es immer. Die schönste Reisezeit sind jedoch Frühjahr und Herbst. Dann kommen auch die typischen Budapester Farben am besten zur Geltung, etwa das herrliche Pastellgelb vieler alter Häuser.

Im Hochsommer gehört die Stadt weitgehend den Touristen. Die Budapester zieht es in den Ferien von Mitte Juni bis Ende August in den Urlaub. Das hat den Vorteil, dass der Straßenverkehr merklich geringer ist. Auch der Winter bietet sich für eine Budapest-Reise an, denn dann es ist meist trocken-kalt – ideal für lange Spaziergänge mit anschließendem Besuch im Kaffeehaus. Über Weihnachten und Silvester sollte man unbedingt rechtzeitig ein Zimmer reservieren.

Wegen seiner Binnenlage hat Budapest ein gemäßigtes Kontinentalklima mit heißen Sommern und kalten Wintern. Die mittlere Niederschlagsmenge ist mit 500–600 ml im Jahr relativ gering, während die jährlichen Sonnenstunden über dem mitteleuropäischen Durchschnitt liegen. Statistisch ist der Januar mit durchschnittlich –2 °C der kälteste Monat. Im Juli kann das Thermometer leicht die 35 °C-Marke übersteigen; im Jahresdurchschnitt liegen die Temperaturen bei 21 °C.

💬 BEZIRKE UND STRASSENNAMEN

Wer sich in Budapest nach einer Straße erkundigt, wird fast immer zurückgefragt: In welchem Bezirk? Dies hat unter anderem formale Gründe: Populäre Straßennamen kommen schlichtweg mehrfach vor. Daher wird in diesem Reiseführer zur besseren Orientierung bei jeder Adresse auch der entsprechende Stadtbezirk (*kerület,* abgekürzt *ker.*) angegeben, bezeichnet durch römische Ziffern.

Die meisten Straßen in Budapest heißen *utca* (abgekürzt: *u.*) oder *út.* Das heißt Gasse bzw. Straße, auch Landstraße. *Körút* werden die Ringstraßen genannt, *sétány* ist eine Promenade, *tér* oder *tere* ein Platz, *rakpart* bezeichnet einen Kai und *híd* eine Brücke.

ANREISE

MIT DEM AUTO

Reisende aus Südbayern und der Schweiz nehmen die Autobahn über Salzburg, Linz und Wien nach Budapest. Aus Süd- und Mitteldeutschland fährt man über Passau, Linz und Wien, aus Norddeutschland und Berlin über Prag, Brünn und Wien.

Die Autobahnen sind gebührenpflichtig. In Österreich und Tschechien erwirbt man eine Vignette (für 10 Tage, 1 Monat oder 1 Jahr), in Ungarn wird die Gebührenzahlung elektronisch über das Pkw-Kennzeichen kontrolliert (E-Vignette, ungarisch: E-Matrica). Man bezahlt an der Grenze, an Tankstellen oder elektronisch per SMS und Internet (10-Tages-, Monats- und Jahresgebühr), Quittungen müssen ein Jahr lang aufbewahrt werden. Bußgelder für nicht gezahlte Autobahngebühren werden auch im Ausland eingetrieben. Infos zur Maut in Ungarn unter www.maut-tarife.hu.

Auf Autobahnen gilt als Höchstgeschwindigkeit 130 km/h, auf Schnellstraßen 110 km/h, auf Landstraßen 90 km/h, in Städten 50 km/h. Pkw mit Anhänger sowie Fahrzeuge über 3,5 t zulässiges Gesamtgewicht dürfen auf Autobahnen höchstens 80 km/h fahren, auf Landstraßen 70 km/h. Außerhalb von Ortschaften muss man auch bei Tag das Abblendlicht einschalten.

Wichtig: In Ungarn gilt die Null-Promille-Grenze – bei Überschreitungen drohen hohe Strafen! Das Telefonieren ist nur mit Freisprechanlage erlaubt. Die Warnwestenpflicht gilt auch für Radfahrer und Fußgänger, die sich im Dunkeln außerhalb geschlossener Ortschaften fortbewegen. Bei Verkehrsverstößen kann die Polizei an Ort und Stelle Bußgelder erheben.

MIT DER BAHN

Von Deutschland, Österreich und der Schweiz verkehren Züge direkt nach Budapest. Von München dauert die Fahrt ca. 7, von Wien ca. 3, von Zürich ca. 11 Std. Die Züge laufen am Budapester **Ostbahnhof** (Keleti pályaudvar) ein und halten vorher auch am Budaer Bahnhof Kelenföld – hier besteht Anschluss an die U-Bahn-Linie M4 Richtung Innenstadt. Vom Ostbahnhof verkehren die U-Bahn-Linien M2 und M4 ins Zentrum. Fahrpläne und Tarife: www.bahn.de, www.oebb.at, www.sbb.ch, www.mav-start.hu.

Bis zum 6. und ab dem 65. Lebensjahr fahren EU-Bürger mit Regionalzügen 2. Klasse in ganz Ungarn kostenlos. Weiterhin gibt es Ermäßigungen für Schüler und Studenten bzw. Personen bis 26 Jahren (entsprechenden Ausweis mitführen!). Wer sich länger im Voraus auf einen Reisetermin festlegen kann, profitiert von Angeboten wie Europa-Spezial (DB, ab 3 Monate vor Abreise buchbar), Sparbillett (SBB, ab 6 Monate vor Abreise) und Sparschiene (ÖBB, ab 6 Monate vor Abreise). Die kontingentierten Tickets mit Zugbindung sind auch online buchbar.

MIT DEM FLUGZEUG

Von allen großen europäischen Flughäfen gibt es Direktflüge nach Budapest, auch Low-Budget-Airlines steuern die ungarische Hauptstadt an. Der Budapester **Franz-Liszt-Flughafen** (Tel. 296-9696, www.bud.hu), umgangssprachlich auch Ferihegy genannt, liegt etwa 25 km südöstlich der Innenstadt. Am günstigsten und schnellsten gelangt man mit Bus 100 E ins Stadtzentrum. Es gibt auch einen AirportShuttle-Minibus vom Flughafen direkt zum gewünschten Ziel (Tel. 550-0000, www.minibud.hu).

MIT DEM BUS

Die Unternehmen **Eurolines** (Tel. 069/971 944 833, www.eurolines.de) und **Flixbus** (Tel. 030/300 137 300, www.flixbus.de) fahren mehrmals pro Woche von verschiedenen Städten Deutschlands, Österreichs und der Schweiz aus nach Budapest (in der Regel über Nacht). Ankunftsstation ist bei allen Verbindungen der Busbahnhof Népliget, von dort verkehrt die U-Bahn-Linie M3 ins Zentrum.

STADTVERKEHR

ÖFFENTLICHE VERKEHRSMITTEL

Die Budapester Verkehrsbetriebe BKK unterhalten ein engmaschiges Nahverkehrsnetz, bei dem **Busse, Trolleybusse, Straßenbahnen** und **U-Bahnen** zum Einsatz kommen. Sie verkehren täglich von 4.30 bis 23.30 Uhr etwa im 10-Minuten-Takt. Zwischen 0 und 4.30 Uhr bedienen **Nachtbusse** die wichtigsten Strecken. Die **S-Bahnen** (HÉV) verbinden die Budapester Vororte mit dem Zentrum. Interessant sind vor allem die Linien H5 nach Szentendre › S. 150 und H8 nach Gödöllő › S. 137.

Einzelfahrkarten sind für alle öffentlichen Verkehrsmittel einheitlich und in U-Bahn-Stationen, an Automaten sowie an Infopunkten des Tourismusamtes › S. 153 erhältlich. Sie gelten für die gesamte Strecke der jeweiligen Linie, allerdings ohne Umsteigen! Ebenso berechtigen sie zu Fahrten mit den HÉV-Linien innerhalb von Buda-

💬 BUDAPEST CARD

Mit der Budapest Card, erhältlich für 24, 48, 72 oder 96 Std. (6490, 9990, 12 990 bzw. 15 990 Ft), kann man gratis alle öffentlichen Verkehrsmittel nutzen. Sie gewährt freien oder vergünstigten Eintritt in Museen und Sehenswürdigkeiten, Rabatte bei Veranstaltungen, in Restaurants, Läden und Bädern. Erhältlich ist sie bei den Infopunkten des Tourismusamtes › S. 153 oder online (www.budapestinfo.hu/budapest-card).

pest. Einzeltickets müssen bei Fahrtantritt im Fahrzeug entwertet werden. Erhältlich sind ferner Umsteige-, Kurzstrecken-, Gruppen-, 24-Std.- und 72-Std.-Tickets sowie 10er-Sammelkarten. Für Kinder bis 6 Jahren und Senioren ab 65 Jahren sind Fahrten mit den öffentlichen Verkehrsmitteln in Budapest kostenlos (Ausnahmen: Standseilbahn Sikló und Sessellift zum János-hegy). Die U-Bahnen sind mit Ausnahme der Linie M4 nicht barrierefrei zugänglich. Auf den meisten Bus- und einigen Straßenbahnlinien verkehren Niederflurfahrzeuge, so auf der Ring-Linie 4/6, nicht aber auf der Linie 2 > mehr S. 13 Punkt ❼. Fahrpläne und Tarife: www.bkk.hu.

FAHRRADVERLEIH UND -TOUREN

An der St.-Stephans-Basilika kann man nicht nur Fahrräder leihen, sondern um 10.30 und 15 Uhr auch zu deutschsprachigen Touren durch Pest, Buda und Óbuda starten (**BudaBike Tours** ▮ C6, V., Szt. István tér, Tel. 70-242-5736, www.budabike.com).

Unter dem Namen **Mol BuBi** (Budapest Bicikli) unterhalten die Verkehrsbetriebe ein öffentliches Bikesharing-System. An 126 solarbetriebenen Stationen stehen rund um die Uhr über 1500 Leihräder zur Verfügung. Man kann sich online registrieren oder an Terminals an den Stationen 24-Std.-, 72-Std.- und Wochentickets erwerben. Die Kaution in Höhe von 25 000 Ft wird nach Ablauf der Leihfrist zurückerstattet. Leider ist die Benutzung etwas kompliziert. Nähere Infos: www.molbubi.hu.

TAXI

Testfahrten der Stadtverwaltung ergaben, dass viele Budapester Taxifahrer ihre Dienste ohne oder mit manipuliertem Taxameter anbieten oder ihre Fahrgäste auf andere Weise betrügen. Daher sollte man nur Taxi fahren, wenn es nicht anders geht Offizielle Taxis sind gelb, haben gelbe Nummernschilder und müssen mit Taxameter ausgestattet sein. Alle Taxiunternehmen berechnen den von der Stadtverwaltung vorgegebenen Tarif, derzeit 700 Ft Grundgebühr und 300 Ft pro Kilometer. Einigermaßen verlässliche Unternehmen sind **City Taxi** (Tel. 211-1111, www.citytaxi.hu) und **Taxify**, wo man das Taxi über eine App bestellt (www.taxify.eu).

MIETWAGEN

Alle führenden Autovermieter unterhalten neben ihren Niederlassungen am Flughafen auch Büros in der Innenstadt, so z. B. **Sixt** (XIII., Váci út 141, Tel. 451-4220, www.sixt.com); **Fox Autorent** (VII., Tiefgarage Corinthia Hotel, Hársfa u. 53–55, Tel. 70-455-4041, www.fox-autorent.com); **Hertz** (V., Hotel Marriott, Apáczai Csere János u. 4, Tel. 296-0997, www.hertz.com), **Europcar** (V., Hotel Corvinus Kempinski, Erzsébet tér 7–8, Tel. 505-4400, www.europcar.hu) und Budget (XIII., Kassák Lajos u. 19–25, Tel. 700-4859, www.budget.hu).

LEIDENSCHAFTLICHE DENKMALSCHÜTZERIN

»Ach, es gibt Hunderte von Geschichten«, lacht Lilla Deklava beim Betreten der Matthiaskirche, »welche soll ich erzählen?« Sie kennt hier jeden Winkel, immerhin beschäftigt sich die Kunsthistorikerin seit vielen Jahren mit der Kirche und war federführend an ihrer letzten Renovierung beteiligt. Dann gibt sie die Antwort auf ihre Frage selbst: »Das Grabmal von Béla III. ist eigentlich eines der interessantesten Elemente, aber viele laufen daran vorbei.« In der Kapelle an der Nordseite der Kirche deutet sie auf den mächtigen Sarkophag mit den Statuen des Königs und seiner Gemahlin: »Das Grabmal sieht alt aus, entstand tatsächlich aber erst vor etwas mehr als 100 Jahren. Es ist ein originelles Beispiel für den Historismus«, erzählt Lilla Deklava weiter, »die Heiligenfiguren etwa sind Gipskopien und wurden aus einem Katalog bestellt. So etwas gab es damals.« Dennoch wehrt sich die Kunsthistorikerin dagegen, die Kunst dieser Zeit als bloßen Eklektizismus abzutun. »Da sind viele hervorragende Dinge entstanden, die ihren ganz eigenen Wert haben«, sagt sie, »daher verstehe ich nicht, warum diese Epoche so lange nicht erforscht wurde – gerade hier.« Immerhin sei der Historimus der vorherrschende Baustil in Budapest. »Die Matthiaskirche, die Staatsoper, das Parlament – es gibt so viele Weltklasse-Beispiele«. Besonders schade findet sie, dass immer mehr Wohnhäuser aus dem 19. Jh. abgerissen oder nur die Fassaden erhalten werden. »Es gibt zum Teil extrem wertvolle Interieurs, die der Abrissbirne zum Opfer fallen«. Als Denkmalschützerin versucht sie so gut es geht gegenzusteuern, was sich immer schwieriger gestaltet. Der Denkmalschutz wurde in den letzten Jahren stark zurückgefahren. Immerhin können Leute wie Lilla Deklava noch forschen: An der Akademie der Wissenschaften arbeitet sie seit Jahren über die Matthiaskirche, hat mehrere Bücher und eine Doktorarbeit verfasst. »Das Faszinierende ist, dass ich immer noch etwas Neues entdecke«, sagt sie, »ich habe Material und Ideen für den Rest meiner Karriere.«

Die Kunsthistorikerin Lilla Deklava kennt in der Matthiaskirche jeden Stein

GLAUBENSFESTER ORDNUNGSHÜTER

Theologie-Dozent Viktor Kókai Nagy sorgt auf dem Sziget-Festival für Sicherheit

Wenn man sonntags beim Gottesdienst in der deutschsprachigen evangelischen Gemeinde im Burgviertel auf Viktor Kókai Nagy trifft, ahnt man nicht unbedingt, dass der ruhig wirkende Mann mit der festen Stimme unter der Woche einer außergewöhnlichen Kombination zweier Jobs nachgeht: Im Hauptberuf ist Kókai Nagy Dozent an der Theologischen Universität Debrecen. Im Sommer jedoch tauscht er den Vorlesungssaal gegen staubige Festivalgelände in ganz Europa: Seit seiner Studentenzeit arbeitet Kókai Nagy in der Festival-Security, derzeit ist er unter anderem als Sicherheitschef für das Sziget zuständig.

»Auf den ersten Blick mag die Kombination überraschen, aber in 27 Jahren habe ich mich daran gewöhnt«, sagt er, »und zeitlich ergänzt es sich prima: Unterm Jahr unterrichte ich, in den Semesterferien mache ich die Festivals.« Verbindungen zwischen den beiden Welten hat Kókai Nagy auch geschaffen: Nicht selten hat er seinen Studenten schon Ferienjobs verschafft, und als er selbst noch studierte, war in einem seiner Gottesdienste die gesamte erste Kirchenbank mit Security-Leuten besetzt. »Immerhin haben sie ihre Drohung, Popcorn und Cola mitzubringen, nicht wahr gemacht«, schmunzelt Kókai Nagy. Später hat er auch Festival-Kollegen getraut oder ihre Kinder getauft.

Das Sziget-Festival in Budapest begleitet er fast von Anfang an. »Zu Beginn war das ganz familiär. Sowohl vom Publikum her, als auch von unserer Tätigkeit: Wir haben alles gemacht, Security, Auf- und Abbau«, erzählt er, »jetzt ist das eine professionelle Riesen-Maschinerie. Security heißt heute nicht mehr einfach Wachschutz. Wir sind vielmehr Dienstleister, informieren die Gäste und helfen ihnen. Und natürlich hat sich auch das Publikum verändert. Heute kommen vor allem internationale Besucher, Einheimische sind in der Minderheit.« Der beste Moment eines Groß-Events unter seiner Regie? »Wenn der letzte Gast ohne größere Probleme das Gelände verlassen hat«, sagt er, »dann haben wir einen guten Job gemacht.«

UNTERKUNFT

Budapest blickt auf eine lange Tradition als Hotel- und Kurstadt zurück. Alle internationalen Hotelketten verfügen deswegen über mindestens ein repräsentatives Haus im Pester Zentrum oder in den grünen Außenbezirken von Buda.

Budapests Hotellerie bietet in jeder Preisklasse eine breite Auswahl auf gutem Niveau. In den großen Häusern sind Fitness- und Wellness-, oft sogar Thermalbereiche vorhanden. Die Privatpensionen sind familienfreundlich und verwöhnen ihre Gäste mit ungarischer Hausmannskost, liegen allerdings oft in den Wohnvierteln von Buda und damit nicht unbedingt zentral.

Es lohnt sich, nach günstigen Pauschal- und Wochenendtarifen zu fragen, ebenso nach **Special Offers** zur Vor- und Nachsaison. Für Weihnachten und Silvester sowie für die Zeiten, in denen das Frühjahrs- und das Sziget-Festival sowie das Formel-1-Rennen am Hungaroring stattfinden, sollte man rechtzeitig buchen. Zu diesen Zeiten berechnen die Hotels auch höhere Preise.

Übersichtlich, informativ, schnell – die großen **Online-Hotelbuchungsportale** wie www.booking.com, www.hrs.de oder www.trivago.de haben auch viele Schnäppchen im Angebot. Preislich attraktiv sind zudem manche Pauschalarrangements von Reisebüros.

Eine Herausforderung stellt die Restaurierung legendärer Luxushotels oder der Ausbau historisch bedeutender Gebäudekomplexe zu Prunkherbergen dar. Im Palais Gresham entstand ein Four-Seasons-Tempel im Art-Nouveau-Stil › S. 30. Das New York Palace › S. 30, dessen Kaffeehaus als Literatentreff berühmt wurde, prunkt mit vergoldetem Stuck und Marmor.

DESIGNHOTELS

Continental Hotel Zara Budapest

€€€ ▮ D6

Mehrfach ausgezeichnetes Designhotel im denkmalgeschützten Jugendstilgebäude des einstigen Hungária-Bades. Dachterrasse mit Innen- und Außenpools.

- VII. | Dohány u. 42–44 | Pest
  Tel. 815-1000
  www.continentalhotelbudapest.com

Lánchíd 19 €€€ ▮ B6

Das exquisite kleine Boutiquehotel direkt unterhalb der Burg am Donauufer erhielt Auszeichnungen für Architektur und Design: ziehharmonikaartige Glasfassade, Atrium mit Glashängebrücken und in den Neubau integrierte Teile einer mittelalterlichen Wassermühle.

- I. | Lánchíd u. 19 | Buda
  Tel. 419-1900
  www.lanchid19hotel.hu

Moments €€€ ▮ C6

Direkt am Anfang der Andrássy út gelegenes Hotel in einem geschmackvoll restaurierten Stadtpalais, schöne große Zimmer, stilvolle Lobby.

LEGENDÄRE HOTELS

- **Hotel Astoria** €€€ 📱 D7
  Schönes, etwas in die Jahre gekommenes Haus im Pester Zentrum, schon mehrmals Schauplatz von Spielfilmen.
  V. | Kossuth Lajos u. 19–21 | Pest
  Tel. 889-6000
  www.danubiushotels.de
- **Hotel Gellért** €€€ 📱 C8
  Dem 1918 eröffneten Jugendstilhotel ist das weltberühmte Gellért-Thermalbad angegliedert.
  XI. | Szent Gellért tér 1 | Buda
  Tel. 889-5500
  www.danubiushotels.de
- **Hotel Gresham Palace** €€€ 📱 C6
  Märchenhaftes Jugendstilambiente, romantische Kulisse vis-à-vis der Kettenbrücke, Panoramablick auf das Burgviertel, Luxus-Spa.
  V. | Széchenyi István tér 5–6 | Pest
  Tel. 268-6000
  www.fourseasons.com/budapest
- **Burg Hotel** €€ 📱 A6
  Im ehemaligen Gästehaus der Regierung spionierte der Geheimdienst einst Staatsgäste aus.
  I. | Szentháromság tér 7–8
  Budaer Burgviertel | Tel. 212-0269
  wwwburghotel-budapest.com
- **Hotel Budapest** €€
  4-Sterne-Hotel in ruhiger Wohngegend am Fuß der Budaer Hügel. Der markante Zylinderturm bietet einen 360°-Panoramablick.
  II. | Szilágyi Erzsébet fasor 47
  Buda | Tel. 889-4200
  www.danubiushotels.de

- VI. | Andrássy út 8 | Pest
  Tel. 611-7000
  www.hotelmomentsbudapest.hu

New York Palace €€€ 📱 D6
Historische Architektur des Eklektizismus kombininiert mit italienischem Design. Stimmungsvolles Café, Bar mit Pianomusik.
- VII. | Erzsébet krt. 9–11 | Pest
  Tel. 886-6111
  www.dahotels.com

Hotel Palazzo Zichy €€€ 📱 C6
Gelungener Stilmix von zeitgenössischer Innenarchitektur in einem historischen Stadtpalais. Mitten im quirligen, studentisch geprägten VIII. Bezirk.
- VIII. | Lőrinc pap tér 2 | Pest
  Tel. 235-4000
  www.hotel-palazzo-zichy.hu

Hotel President €€€ 📱 C6
Elegant situiert neben der amerikanischen Botschaft und der ungarischen Nationalbank. Panoramaterrasse mit toller Aussicht, extravagante Spa- und Fitnessanlagen inklusive 15 m langem Jet-Stream-Pool.
- V. | Hold u. 3–5 | Pest | Tel. 373-8200
  www.hotelpresident.hu

Brody House €–€€ 📱 D7
11 individuelle, von Künstlern gestaltete Zimmer in einem historischen Stadtpalais beim Nationalmuseum.
- VIII. | Bródy Sándor u. 10 | Pest
  Tel. 266-3537
  www.brodyhouse.com

MITTELKLASSEHOTELS
Buda Castle Fashion Hotel €€ 📱 A6
Solides, modernes Hotel im historischen Burgviertel. Die meisten Sehenswürdigkeiten Budas erreicht man von hier zu Fuß.

Eine Glaskuppel überwölbt die prächtige Jugendstil-Lobby des Hotels Gresham Palace

- I. | Úri u. 39 | Budaer Burgviertel
  Tel. 224-7900
  www.budacastlehotelbudapest.com

Cotton House Hotel €€ ▌ C5

Kleines Haus mit nur 20 Zimmern, aber viel Charme. Im Restaurant »Cotton Club« sorgt abends eine Jazzband für Stimmung.

- VI. | Jókai u. 26 | Pest
  Tel. 30-184-1128
  www.cottonhousebudapest.hu

Hotel Medosz €€ ▌ D5

Geschmackvoll renoviertes Hotel direkt am Oktogon. Hier pulsiert das Großstadtleben, von den Zimmern in den oberen Stockwerken genießt man eine tolle Aussicht.

- VI. | Jókai tér 9 | Pest
  Tel. 374-3000
  www.medoszhotel.hu

»MS Maribelle« €€ ▌ B5

Einmal auf einem Kreuzfahrtschiff nächtigen, ohne eine Flusskreuzfahrt zu machen: Das ist auf der »MS Maribelle«, einem erst im Jahr 2000 gebauten und dennoch schon ausrangierten Schiff möglich. Schöne Lage am Donauufer bei der Margareteninsel, Sonnenterrasse mit Flussblick.

- II. | Angelo Rotta rakpart | Buda
  Tel. 30-340-7686 | www.maribelle.hu

Beatrix Panzió-Hotel €

Das hervorragende kleine Apartmenthotel mit familiärer Atmosphäre liegt inmitten von viel Grün im Norden von Buda. Trotzdem ist es relativ stadtnah dank der guten Verkehrsanbindung.

- II. | Széher út 3 | Buda | Tel. 275-0550
  www.beatrixhotel.hu

Sun Resort Apartments € ▌ E8

Moderne Apartments im zentral gelegenen Corvin-Viertel neben einer Fußgängerzone mit Restaurants und Bars, bis zum Zentrum sind es etwa 10 Gehminuten. Komplett ausgestattete Küche und Tiefgarage.

- VIII. | Corvin sétány 4 | Pest
  Tel. 70-771-1481
  www.sunresortapartments.eu

Pension am Burgberg

PENSIONEN

Wer eine familiäre und preiswertere Unter-
kunft sucht, kann in Budapest aus einem
großen Angebot von Pensionen, Privatzim-
mern und Apartments wählen.

Boulevard City € 🏳 D8
Familiär geführte, einfache Pension im
Stadtzentrum nahe der Petőfi-Brücke.
• IX. | Angyal u. 13 | Pest
  Tel. 215-2169 | www.boulevardcity.hu

Budavár Pension Budapest € 🏳 B5
Preiswerte Familienpension unterhalb der
Fischerbastei am Hang des Burgbergs.
• I. | Szabó Ilonka u. 15
  Buda | Tel. 30-922-0801
  www.budavar-pension.com

Pension Dominik € 🏳 F5
Einfache Pension in einer ruhigen Seiten-
straße direkt beim Stadtwäldchen.
• XIV. | Cházár András u. 3 | Pest
  Tel. 460-9428
  www.dominikpanzio.hu

Gästehaus Mohácsi € 🏳 A4
Familiengeführt, von viel Grün umgebene
Pension auf dem Rosenhügel, dem Villen-
viertel von Buda. Dank guter Verkehrsver-
bindungen ist man in wenigen Minuten am
Széll Kálmán tér.
• II. | Bimbó út 25/A | Buda
  Tel. 20-323-3154
  www.mohacsivendeghaz.hu

Hotel Papillon € 🏳 A4
Kleines Hotel oberhalb eines schönen
Parks am Fuß des Budaer Villenviertels.
Nur ein kurzer Fußweg ist es zur Haltestelle der Straßenbahnlinien 4 und 6, mit
denen man schnurstracks in die Innenstadt gelangt.
• II. | Rózsahegy u. 3/B | Buda
  Tel. 212-4750
  www.hotelpapillon.hu

HOSTELS

Budapest verfügt über zahlreiche Hostels
und Jugendherbergen. Sie bieten auch
Doppelzimmer mit eigenem Bad, in der Regel erfolgt die Unterbringung jedoch in
Mehrbettzimmern. Während der Sommer-
ferien werden zusätzlich Räume in Studen-
tenwohnheimen vermietet. Die Buchung
erfolgt am einfachsten über Internetpor-
tale wie www.hostelworld.com oder www.
hihostels.com.

CAMPINGPLÄTZE

In Budapest gibt es drei Campingplätze mit
unterschiedlichem Komfort. Sie liegen am
Stadtrand, sind aber mit öffentlichen Verkehrsmitteln gut erreichbar. Die ungarische Tourismuszentrale hält eine Broschü-
re über Camping in Ungarn bereit > S. 153.
Einen Überblick über alle Plätze erhält
man auf der Webseite des ungarischen
Campingverbandes:

Magyar Kempingszövetség
(Ungarischer Campingverband)
- 8360 Keszthely | Martinovics u. 1/B
  Tel. 83-314-422
  www.camping.hu

Camping Niche
Schön in den Budaer Bergen beim Sessellift auf den Jánoshegy gelegen; rund 200 Stellplätze. Gute Busverbindung in die Innenstadt. Ganzjährig geöffnet.
- XII. | Zugligeti út 101 | Buda
  Tel. 200-8346
  www.campingniche.hu

Biker Camp
Gartenähnlicher Campingplatz, exklusiv für Motorradfahrer. 25 Stellplätze. Ganzjährig geöffnet.
- VIII. | Benyovszky Móric u. 40 | Pest
  Tel. 333-7059 | www.bikercamp.hu

Római Camping
Der größte Campingplatz Budapests in Óbuda in der Nähe der Römerstadt Aquincum mit perfekter Infrastruktur. Ganzjährig geöffnet.
- III. | Szentendrei út 189 | Óbuda
  Tel. 250-0426 | www.romaicamping.hu

ESSEN & TRINKEN

Die bekannte Melodie aus Johann Strauß' Operette »Der Zigeunerbaron« ist immer noch Programm in der ungarischen Küche: Borstenvieh und Schweinespeck – nicht nur für den reichen Schweinezüchter Zsupán idealer Lebenszweck – dominieren auf den Speisekarten vieler Restaurants und erst recht am heimischen Herd.

Und: Zur ungarischen Küche gehört nun einmal das Schweineschmalz. Als Geschmacksträger bringt es die Zwiebeln zur Geltung und den Paprika sowieso. Doch glücklicherweise sind die Zeiten der Alleinherrschaft der »Heiligen Dreifaltigkeit« aus Zwiebeln, Paprika und Schweineschmalz in den Budapester Lokalen vorbei. Inzwischen steht Gästen eine breite Palette von Geschmacksrichtungen zur Auswahl. Die Gastroszene zeigt sich innovativ, aufgeschlossen und jederzeit bereit, neue Trends aufzugreifen. So eröffneten in den vergangenen Jahren zahlreiche Lokale, die eine gehobene, französisch angehauchte Bistroküche pflegen. Hinzu kommt eine ganze Reihe von Edelrestaurants, die sich langsam, aber sicher einen festen Platz auf der europäischen Feinschmecker-Landkarte erkocht haben und sich nun ihre ersten Michelin-Sterne verdienen. Derzeit sind Gourmet-Burger und hochwertiges Street Food der letzte Schrei. Noch immer zu kurz kommen in Budapest allerdings die Vegetarier. Selbst anspruchsvolle Restaurants scheinen sich nicht für Kunden zu interessieren, die kein Fleisch essen möchten – obwohl ein nicht unwesentlicher Teil ihrer Gäste aus dem westeuropäischen Ausland kommt, wo die fleischlose Ernährung längst in der Mitte der Gesellschaft angekommen ist.

In der Zentralen Markthalle wird alles verkauft, was auf Ungarns fruchtbaren Böden gedeiht

EINTOPFGERICHTE

Frisch gekocht schmeckt eines der vielseitigsten Gemüsegerichte am besten: das *lecsó*, bestehend aus Zwiebeln, Tomaten und Paprika. Zusammen mit einer *kolbász*, der geräucherten Schweinswurst, wird es zur Hauptmahlzeit. Eine lange Tradition haben ferner die diversen Arten von *pörkölt*. Sie sind das, was man anderswo unter Gulasch versteht. Mit saurer Sahne abgeschmeckt nennt man es *paprikás*. Die Variante mit Sauerkraut heißt Szegediner Gulasch *(székelykáposzta)*. Weitere Klassiker sind gefüllte Paprika *(töltött paprika)* und Krautwickel *(töltött káposzta)*.

DELIKATE BRATEN UND WILDGERICHTE

Eine weitere Spezialität der ungarischen Küche sind Braten. Der Jungfernbraten *(szűzpecsenye)* vom jungen Schwein etwa, nach der Bozsoker Art mit Schweinemett gefüllt. Oder der Rostbraten *(rostélyos)*, der in den verschiedensten Variationen zubereitet wird, immer aber auf der Grundlage eines Lendenstücks oder Roastbeefs. Am bekanntesten sind der Rostbraten nach Hortobágyer Art (mit einem Grießkloß und vielen Kräutern) und der Rostbraten »Esterházy« mit einer Soße aus Gemüse, Sauerrahm und Senf.

In guten Budapester Restaurants wird häufig Wild zumeist heimischer Provenienz serviert. Das Fleisch wird in der Regel geschmort und mit einer dunklen Soße serviert.

FRISCHER FISCH

In der ungarischen Küche sehr beliebt sind Süßwasserfische. Als Delikatesse gilt Zander *(fogas)*. Karpfen, Wels und Stör *(ponty, harcsa, kecsege)* sind ebenfalls hervorragend, am besten vom Grill, mit frischem Brot und Salat. Oft werden auch Filets frittiert und mit Sauce Tartare, einer Art Remoulade, serviert.

Ein Wort zur ungarischen Fischsuppe *(halászlé)*, die es in vielerlei Varianten gibt. Welches Rezept das »beste« ist, darüber können Ungarn lange miteinander streiten. Einmal bilden in Schweineschmalz fein gedünstete Zwiebeln die Grundlage der Suppe, ein anderes Mal ein Sud aus geschmacksintensiven Kleinfischen. Auch die Einlagen variieren. Während die Bajaer Fischsuppe mit Nudeln serviert wird, werden andere mit Filets von mehreren verschiedenen Flussfischen kredenzt. Das Geheimnis liegt in der richtigen Mischung aus süßer und scharfer Paprika für die pikante Schärfe.

Man isst die Fischsuppe als ersten Gang, danach einen Teller *túróscsusza,* in Österreich Topfenfleckerln genannt – Nudeln mit Quark und Grammeln sowie ausgelassenen knusprigen Speckwürfeln.

SÜSSE VERFÜHRER

Strudel *(rétes)* in allen Variationen brachten die Osmanen nach Ungarn, doch hat er sich seitdem sehr verändert. Ein vorschriftsmäßig ausgezogener Strudelteig ist so dünn und leicht, dass man ihn vom Tisch pusten kann.

Nicht nur ein Augenschmaus ist der Gundel-Palatschinken *(Gundel palacsinta)*, dessen Markenzeichen die Walnussfüllung und Schokoladen-Rum-Soße ist. Nach dem Originalrezept von Károly Gundel, dessen Name zu Budapest gehört wie Sacher zu Wien, wird er flambiert serviert.

SCHNELLE ZWISCHENMAHLZEIT

Die ungarische Alternative zu Pommes frites mit Ketchup heißt *lángos* und ist ein ebenso köstlicher wie anhaltender Appetitstiller. Der ausgezogene, in heißem Öl frisch ausgebackene salzige Hefefladen wird meist an Straßenständen und auf Märkten angeboten. Gewürzt mit Knoblauch, mit Käse bestreut oder mit saurer Sahne bestrichen ist er ein Genuss.

Wer es noch deftiger mag, kann in den Markthallen, im Imbiss oder vielfach auch in Fleischereien gebratene Blut- und Leberwurst *(hurka)* kosten. Dazu bestellt man Brot und saure Gurken. Im Winter begegnet man vielerorts in der Stadt Maronenverkäufern mit ihren Öfchen.

JÜDISCHE SPEZIALITÄTEN

Im jüdischen Viertel in der Elisabethstadt kann man z. B. das traditionelle Sabbatgericht Scholet *(sólet)*, ein Bohnengericht mit geräucherter Gänsebrust, und eine Vielzahl koscherer Speisen und Backwaren probieren.

RESTAURANTBESUCH

Restaurants und Gaststätten heißen in Ungarn *vendéglő* bzw. *étterem*. Eine *halászcsárda* ist auf Fischgerichte spezialisiert. Einen schnellen Imbiss bekommt man im *büfé*. Wer Lust auf Süßes hat, kehrt in eine *cukrászda* (Konditorei) oder ein *kávéház* (Kaffeehaus) ein.

In der deutschsprachigen »Budapester Zeitung« (www.budapester.hu) werden regelmäßig Restaurants vorgestellt und besprochen; hier findet man Hinweise auf die neuesten Trendlokale und wird auf Spezialitäten aufmerksam gemacht.

Als Trinkgeld gibt man üblicherweise etwa 10 % des Rechnungsbetrags, wegen der niedrigen Gehälter eher etwas mehr als weniger (auf die nächsten 100 Forint aufzurunden gilt als unhöflich). Immer mehr innerstädtische Lokale schlagen auf den Rechnungsbetrag eine Servicegebühr in Höhe von 10, 12 oder 15 % auf. Auf diesen Zuschlag muss in der Speisekarte hingewiesen werden. Wenn eine Servicegebühr berechnet wird, ist ein zusätzliches Trinkgeld nicht nötig.

TYPISCH UNGARISCH

Apostolok €€ ▮ C7

Klassische ungarische Küche in historischem Ambiente: holzvertäfelte Wände, buntes Bleiglas, Mosaiken.
- V. | Kígyó u. 4–6 | Pest | Tel. 269-9566
  www.apostoloketterem.hu
  Tgl. 12–24 Uhr

Kéhli €€ ▮ D7

Traditionsadresse etwas abseits des Zentrums mit schönem Gastgarten und ungewöhnlichen Gerichten wie Welspaprikas mit Quarknudeln. Abends Livemusik.
- III. | Mókus u. 22 | Óbuda
  Tel. 368-0613 | www.kehli.hu
  Tgl. 12–22.30 Uhr

Pesti Disznó €€ ▮ D5

Nomen est omen: Im »Pester Schwein« gibt es hervorragend zubereitete Fleischgerichte, traditionell ungarisch und dennoch stets mit einer kleinen Besonderheit versehen.
- VI. | Nagymező u. 19 | Pest
  Tel. 951-4061 | www.pestidiszno.hu
  So–Mi 11–23, Do–Sa 11–24 Uhr

Pest-Buda €€ ▮ A6

Gemütlich im Bistro-Stil; ungarische Küche wie zu Großmutters Zeiten aus besten Zutaten.
- I. | Fortuna u. 3 | Buda
  Tel. 225-0377 | www.pestbudabistro.hu
  Tgl. 12–24 Uhr

Fakanál € ▮ C7

Preiswerter Mittagstisch auf der Galerie der Zentralen Markthalle. Donnerstags frische Fischsuppe!
- IX. | Vámház krt. 1–3 | Pest
  Tel. 217-7860
  www.fakanaletterem.hu
  Mo 9–16.45, Di–Fr 9–17.45,
  Sa 9–14.45 Uhr

INTERNATIONALE KÜCHE

Babel €€€ ▮ C7

Fine-Dining-Restaurant mit einer kleinen, erlesenen Speisekarte.
- V. | Piarista köz 2 | Pest
  Tel. 70-600-0800
  www.babel-budapest.com
  Di–Sa 18–24 Uhr

Mák Bistro €€€ 🔷 C6

Junges Lokal in einem Gewölbesaal mit un-
verputzten Wänden.Der Küchenchef kombi-
niert ungarische und neue nordische Küche
und spielt gern mit Farben und Texturen.

• V. | Vigyázó Ferenc u. 4 | Pest
  Tel. 30-723-9383 | www.mak.hu
  Di−Sa 12−15, 18−24 Uhr

Rosenstein €€€ 🔷 E6

Beliebtes Restaurant mit jüdischer und internationaler Küche nahe dem Ostbahnhof.
Hier kocht der Chef persönlich!

• VIII. | Mosonyi u. 3 | Pest
  Tel. 333-3492 | www.rosenstein.hu
  Mo−Sa 12−23 Uhr

Gerlóczy €€ 🔷 C7

Französisch angehauchte Bistroküche mit
einem Schwerpunkt auf mediterranen
Fisch- und Fleischgerichten.

• V. | Kamermayer Károly tér | Pest
  Tel. 501-4000
  www.gerloczy.hu
  Tgl. 7−23 Uhr

FISCHSPEZIALITÄTEN

Horgásztanya Vendéglő €€ 🔷 B6

Rustikales Lokal unterhalb des Burgviertels am Donauufer mit fantastischer Fischsuppe und unverkünsteltem Ambiente.

• I. | Fő u. 27 | Buda | Tel. 61-212-3780
  www.horgasztanyavendeglo.hu
  Tgl. 11−24 Uhr

Szegedi Halászcsárda €€ 🔷 C7

Tolles Fischrestaurant mit herrlicher Terrasse an der Donau, direkt gegenüber dem
Gellért-Berg. > mehr S. 15 Punkt ⓳

• V. | Belgrád rakpart | Pest
  Tel. 235-0865
  www.szegedihalaszcsarda.hu
  Tgl. 11−24 Uhr

STILVOLLE RESTAURANTS

• **Gundel** €€€ 🔷 E4
  Der traditionsreiche Gourmettempel im Pester Stadtwäldchen
  serviert seit seiner Komplettreno-
  vierung wieder beste ungarische
  Küche. Angemessene Kleidung (für
  Herren Krawatte) ist Pflicht.
  XIV. | Gundel K. u. 4
  Pest | Tel. 889-8100
  www.gundel.hu
  Tgl. 12−24 Uhr

• **Onyx** €€€ 🔷 C6
  Nobelrestaurant des Traditionskaf-
  feehauses Gerbeaud mit Michelin-
  Stern-prämierter Küche.
  V. | Vörösmarty tér 7−8 | Pest
  Tel. 508-0622
  www.onyxrestaurant.hu
  Di−Fr 12−14.30, 18.30−23,
  Sa 18.30−23 Uhr

• **Costes** €€ 🔷 D7
  Das Restaurant erhielt 2010 den
  ersten Michelin-Stern Budapests.
  Viele Zutaten werden im Pariser
  Großmarkt Rungis eingekauft.
  IX. | Ráday u. 4 | Pest
  Tel. 219-0696
  www.costes.hu
  Mi−So 18.30−24 Uhr

• **Náncsi Néni Vendéglője** €−€€
  Sehr gefragtes Gartenlokal am
  Stadtrand mit Familientradition,
  gute ungarische Küche, schöner
  Gastgarten mit alten Bäumen.
  II. | Ördögárok u. 80 | Buda
  Tel. 397-2742
  www.nancsineni.hu
  Tgl. 12−23 Uhr

Új Sipos Halászkert €€ 🍴 B3

Das gemütliche Restaurant hat den Ruf, die beste Adresse für Fischgerichte in Budapest zu sein.

- III. | Lajos u. 46 | Óbuda
  Tel. 388-8745 | www.ujsipos.hu
  Tgl. 12–23 Uhr

FLEISCHLOS

Napfényes €€ 🍴 D5

Köstliche vegetarische und vegane Speisen, angeschlossene Konditorei.

- V. | Ferenciek tere 2 | Pest
  Tel. 311-0313
  www.napfenyesetterem.hu
  Tgl. 12–22.30 Uhr

KOSCHER

Fülemüle €€ 🍴 D7

In dem familiengeführten Traditionslokal kann man sich an Tscholent-Variationen mit Gänseleber, Fleisch, Gemüse und Ei satt essen.

- VII. | Kőfaragó u. 5 | Pest
  Tel. 266-7947
  www.fulemule.hu
  Mo–Do 12–22, Fr, Sa 12–23 Uhr

Traditionelle ungarisch-jüdische Küche auf hohem Niveau bietet das **Carmel** > S. 122, während es bei **Kádár** > S. 122 eher familiär und bodenständig zugeht (nur mittags geöffnet).

💬 **UNGARISCHE WEINE UND OBSTBRÄNDE**

Die Römer brachten ihn mit: Schon seit etwa 2000 Jahren wird in Ungarn Wein angebaut. 22 Weinbaugebiete besitzt das kleine Land und liegt, nach Meinung des Weinpapstes Hugh Johnson, in der Tradition der Qualitätsweinerzeugung an dritter Stelle in Europa. Es gibt historische Anbaugebiete mit Spitzenlagen wie z. B. Badacsony am Nordufer des Plattensees, Eger im Norden und das Gebiet um Tokaj. Rotweine aus dem südungarischen Villány brauchen den Vergleich mit der französischen Konkurrenz nicht zu scheuen. Auch am Südufer des Plattensees gedeihen sehr gute Weißweine.

Das **Internationale Wein- und Sektfestival** am 2. Septemberwochenende in der Budaer Burg bietet alljährlich Gelegenheit, die bekanntesten Winzer und ihre Erzeugnisse kennenzulernen. Ein abwechslungsreiches Kulturprogramm verleiht dem Ereignis den entsprechenden Rahmen (www.aborfesztival.hu).

Eine große Auswahl an Weinen mit Möglichkeit zur Verkostung führen u. a. **Bortársaság** 🍴 B6 (I., Lánchíd u. 5, Mo–Fr 10–21, Sa 10–19 Uhr, www.bortarsasag.hu) und **In Vino Veritas** 🍴 D6 (VII., Dohány u. 58–62, Mo–Fr 9–20, Sa 10–18 Uhr, www.borkereskedes.hu). > mehr S. 18 Punkt ㊱

Ungarische Obstbrände haben eine lange Tradition und sind seit 2004 herkunftsgeschützt: Nur Brände aus komplett einheimischer Erzeugung und ohne Zusatzstoffe dürfen die Bezeichnung Pálinka tragen. Zweimal jährlich – im Mai und Oktober – werden in der Innenstadt Pálinka-Festivals veranstaltet, bei denen man auch herzhafte ungarische Wurstspezialitäten probieren kann. Das **Haus des Ungarischen Pálinka** 🍴 D7 (VIII., Rákóczi út 17, Mo–Sa 9–19 Uhr, www.magyarpalinkahaza.hu) hat das umfassendste Sortiment.

SHOPPING

Haupteinkaufsstraße der Stadt ist die Váci utca, benannt nach dem Vácer Tor, das am Vörösmarty-Platz stand. Die meisten internationalen Mode-firmen haben hier oder in der Nachbarschaft Dependancen. Das beste Musikgeschäft der Stadt liegt um die Ecke am Szervita tér.

Als schönstes Schaufenster der Stadt gilt die Andrássy út mit ihren **Nobel-boutiquen.** In der Nähe des Parlaments, in und um die Falk Miksa utca befinden sich **Antiquitätengeschäfte** und Trödelläden. Die **Buchhandlun-gen** im Zentrum führen auch fremdsprachige Literatur. In gemütlichen Sitz-ecken oder integrierten Cafés kann man die neuesten Romane Probe lesen.

Groß ist das Angebot an ungarischer **Volkskunst.** Beliebte Mitbringsel sind Stickereien und Spitzen aus verschiedenen Regionen des Landes. Gefragt ist auch Keramik. Überall im Stadtzentrum trifft man im Sommer auf Stände, an denen Tischdecken, Blusen oder Holzspielzeug zum Verkauf angeboten wer-den. Filialen der weltbekannten ungarischen Porzellanmanufakturen **Herend** und **Zsolnay** findet man in der Innenstadt. Schnäppchen machen kann man bei **Lederwaren,** während man für ein Paar rahmengenähte »Budapester« tief in die Tasche greifen muss.

Freunde kulinarischer Genüsse sollten einen der herrlichen Budapester **Märkte** besuchen. Ungarns Exportschlager ist die berühmte Salami. Pick ist die führende Marke, aber auch Hartwürste aus Békéscsaba *(csabai kolbász)* sind ein Begriff. Interessant sind die vielen Paprikapulver-Varianten.

Große Einkaufszentren und Supermärkte sind normalerweise montags bis samstags von 10 bis 21, So bis 18 oder 19 Uhr geöffnet. Fachgeschäfte schließen wochentags meist gegen 18/19 und samstags um 13/14 Uhr.

BÜCHER

Atlantisz Book Island 📱 C6

Wahrlich eine Insel für Bibliophile. Verlags-buchhandlung mit den Schwerpunkten Phi-losophie, Religion, Geschichte.
- VI. | Anker köz 1–3 | Pest
  www.atlantiszkiado.hu

Írók Boltja 📱 D5

Die stimmungsvollste Buchhandlung der Stadt, mit deutschsprachiger Abteilung und einer Teestube.
- VI. | Andrássy út 45 | Pest
  www.irokboltja.hu

Pagony 📱 C6

Toller Kinderbuchladen, die Eltern können im Café relaxen, während die Kleinen in Bilderbüchern schmökern oder sich in der Spielecke vergnügen. Regelmäßig werden auch Kreativprogramme angeboten.
- XI. | Bartók Béla út 5 | Buda
  www.pagony.hu

Reich bestückte Antiquariate, in denen Bibliophile beim Stöbern noch wahre Schätze entdecken können, befinden sich gegenüber dem Nationalmuseum am Múzeum körút > S. 94.

Budapests beliebteste Shoppingmeile ist die Váci utca in der Pester Innenstadt

MUSIK

Rózsavölgyi ▮ C7

Musikspezialist seit 150 Jahren: Musikverlag, Noten, Antiquariat.
- V. | Szervita tér 5 | Pest
  www.szalon.rozsavolgyi.hu

Kaláka Zenebolt ▮ C6

Weltmusik, auch ungarische Volksmusik jenseits von Kitsch und Klischee.
- V. | Deák Ferenc tér 4 | Pest
  www.kalakazenebolt.hu

KRISTALLGLAS UND PORZELLAN

Ajka Kristály ▮ C5

Bleikristall aus Ajka.
- V. | Szent István krt. 18 | Pest
  www.ajka-crystal.hu

Belvedere Herend ▮ C6

Fachgeschäft für Herender Porzellan.
- VI. | Andrássy út 16 | Pest
  www.herend.com

Zsolnay ▮ D7

Hochwertiges Porzellan aus der Zsolnay-Manufaktur Pécs.
- VII. | Rákóczi út 4–6 | Pest
  www.zsolnay.hu

MODE

Printa Budapest ▮ C6

Concept-Store, in dem sich alles um Ökodesign dreht. Mit (Fair-Trade-)Café.
- VII. | Rumbach Sebestyén u. 10 | Pest
  www.printa.hu

Mono Fashion ▮ C7

Kleidung und Accessoires aufstrebender ungarischer Designertalente.
- V. | Kossuth Lajos u. 20 | Pest

Retrock ▮ C6

Retrock präsentiert auf zwei Etagen ungarische Labels und hochwertige Vintage-Mode.
- VI. | Anker köz 2–4 | Pest
  www.retrock.com

SCHUHE UND ACCESSOIRES
Vass Cipő ▌ C7
Lászlo Vass verkauft im Herzen von Pest
wie anno dazumal handgenähte Herren-
schuhe – natürlich auch »Budapester« mit
dem berühmten Lochmuster.
- V. | Haris köz 2 | Pest
  www.vass-cipo.hu

Insitu ▌ B6
Taschen, Schmuck, T-Shirts und allerlei
originelle Kleinigkeiten von jungen ungarischen Designern.
- V. | Múzeum krt. 7 (im Innenhof) | Pest
  www.insitu.hu

KULINARISCHES
Szamos Gourmet Ház ▌ C6
Das beste ungarische Marzipan. Der Laden
ist zugleich Konfiserie, offene Schokoladen-
manufaktur und Café – dort gibt es auch
Kuchen und leckere Eiscreme.
- V. | Váci u. 1 | Pest
  www.szamos.hu

Szalámibolt ▌ D8
Salami in allen erdenklichen Variationen,
auch von der Gans oder vom Wels.
- IX. | Ráday u. 24/A | Pest
  www.szalamibolt.hu

VOLKSKUNST
Holló Műhely ▌ C7
Atelier für volkstümliches Kunsthandwerk
und Möbel; Fundgrube für hübsche Ge-
schenkideen.
- V. | Vitkovics Mihály u. 12 | Pest

Mester Porta ▌ B6
Authentische Volkskunst, Antiquitäten,
Bücher, Spiele und traditionelle ungarische
Musik.
- I. | Corvin tér 7 | Buda

MÄRKTE MIT LOKALKOLORIT

- Das Beste und Frischeste aus
  ganz Ungarn in einem Gebäude
  aus Gusseisen und Glas bietet die
  Zentrale Markthalle › S. 93 in
  der Pester Innenstadt (IX., Vámház krt. 1–3).
- Architektonisch auf ganz andere
  Weise sehenswert ist die 2002 erbaute, bunte **Markthalle am Lehel
  tér** › S. 56. Innen findet man ein
  breites Angebot an Lebensmitteln
  (XIII., Váci út 9–15).
- Budapests größter Flohmarkt
  Ecseri findet weit außerhalb
  statt. Auf dem weitläufigen Areal
  verkaufen unzählige Stände Nip-
  pes und Kunst (XIX., Nagykőrösi
  út 156, Mo–Fr 8–16, Sa 5–15, So
  8–13 Uhr, www.piaconline.hu).
- Auf dem Kreativmarkt **WAMP** verkaufen aufstrebende ungarische
  Designer und Kunsthandwerker
  ihre Erzeugnisse, inzwischen gibt
  es auch eine Gastro-Version (an
  mindestens einem Sonntag im
  Monat, je nach Jahreszeit an
  wechselnden Orten, Termine unter www.wamp.hu).
- Unter dem Dach der kleinen
  Markthalle Hold utca › S. 101 mitten in der Innenstadt findet man
  neben dem üblichen Angebot an
  Lebensmitteln und Souvenirs
  auch Stände mit zumeist ungarischem, preiswertem Street Food
  (V., Hold u. 13, Mo 6.30–17, Di–Fr
  6.30–18, Sa 6.30–14 Uhr, www.
  belvarospiac.hu).

AM ABEND

Das Budapester Nachtleben ist sehr facettenreich. Man kann es klassisch angehen mit dem Besuch von Oper oder Konzert, romantisch mit Donaufahrt und Burgbummel bei Lichterglanz, besinnlich mit einem Abendessen mit Musikbegleitung oder heftig mit einer Kneipentour.

Die Zahl der Veranstaltungsorte in Budapest wächst stetig. Fast jede Woche eröffnet irgendwo ein Klub oder eine Kneipe. Epizentren des Nachtlebens sind der VII. Bezirk (vor allem die Kazinczy utca), die Gegend um den Oktogon und den Liszt Ferenc tér sowie das Umfeld der St.-Stephans-Basilika.

BARS, PUBS UND KLUBS

Cactus Juice 🔲 D5
Pub und Restaurant mit Wildwest-Feeling am Oktogon.
• VI. | Jókai tér 5 | Pest | www.cactusjuice.hu
  Mo–Do 12–2, Fr, Sa 12–4, So 16–2 Uhr

Fat Mo's Music Club 🔲 C7
Retro-Musikklub im American Style. Blues-, Swing- und Jazz-Livekonzerte.
• V. | Nyári Pál utca 11 | Pest
  www.fatmo.hu

Flaggschiff der Ruinenbars – das Szimpla Kert

Janis' Pub 🔲 C7
Irish Pub mit Live-Gitarrenmusik ab 16 Uhr, Karaoke- und Retropartys.
• V. | Királyi Pál u. 8 | Pest
  www.janispub.hu
  Mo–Sa 16–3 Uhr

Kék Ló 🔲 E7
Kneipe, veganes Restaurant und Kleidergeschäft in einem. Designerin Virág Tóth betreibt auch eine Dependance in Berlin. Abends Konzerte.
• VIII. | Víg u. 28 | Pest
  www.keklo.de
  Tgl. 12–24 Uhr

Kisüzem 🔲 D6
Szenekneipe im VII. Bezirk mit nackten Backsteinwänden und Retro-Mobiliar.
• VII. | Kis Diófa u. 2 | Pest
  Tgl. 12–2 Uhr

Kobuci Kert 🔲 B1
Lauschiger Garten-Klub mit Konzerten quer durch die Musikstile im Innenhof des Zichy-Schlosses > **S. 132** am Hauptplatz von Óbuda.
• III. | Fő tér 1 | Óbuda | www.kobuci.hu
  April–Okt. Mo–Fr ab 16, Sa, So ab 11 Uhr bis open end

Mika Tivadar Mulató D6

Netter Klub mit Livekonzerten und DJ-Musik von Swing bis Funk.

- VII. | Kazinczy u. 47 | Pest
  www.mikativadarmulato.hu
  Mo–Mi 16–24, Do bis 2, Fr, Sa bis 5 Uhr

Opus Jazz Club D8

Interessante Mischung aus Restaurant und Jazzklub.

- IX. | Mátyás u. 8 | Pest
  www.opusjazzclub.hu
  Mi–Fr 11.30–24, Sa 18–24 Uhr

Ötkert C6

Hipper Party-Danceclub bei der Basilika, im Sommer Open-Air.

- V. | Zrínyi u. 4 | Pest
  Mi–Do 12–4, Sa, So 12–5 Uhr

Palack C8

Gemütliche, moderne Weinbar am Szent Gellért tér, gegenüber vom Hotel Gellért.

- XI. | Szent Gellért tér 3 | Buda
  www.palackborbar.hu | Mo, Di 11–23,
  Mi–Sa 11–24, So 12–22 Uhr

Pótkulcs D5

Gemütlicher kleiner Innenhof-Musikpub unweit vom Westbahnhof.

- VI. | Csengery u. 65/B | Pest
  www.potkulcs.hu
  Do–Sa 17–2.30, So–Mi 17–1.30 Uhr
  Mo–Do, So 11–1, Fr, Sa 11–2 Uhr

Raqpart C6

Schicke »Strand«-Bar am Donauufer bei der Kettenbrücke. Top-Aussicht auf das Burgviertel. Reservierung empfohlen!

- V. | Jane Haining rakpart (südlich der Kettenbrücke) | Pest
  www.raqpart.hu
  April–Okt. tgl.

HOTSPOTS DES NACHTLEBENS

- **A38** D9
  Zur Konzerthalle und Gaststätte umgebauter ukrainischer Schleppkahn am Budaer Donauufer südlich der Petőfi-Brücke. Zwei Bühnen und mehrere Tanzflächen – im Sommer auch outdoor.
  XI. | Pázmány Péter sétány
  Buda | www.a38.hu
  Tgl. 11–23 Uhr

- **Akvárium** C6
  Coole Szenerie unter einem Teich im Herzen der City. Kulturzentrum, Konzerte, Klub.
  V. | Erzsébet tér 14 | Pest
  www.akvariumklub.hu
  Mo–Mi 18–2, Do–Sa 18–5,
  So 16–2 Uhr

- **Corvin Club** D6
  Feiern bei elektronischer Musik über den Dächern der Stadt – im Obergeschoss eines ehemaligen Kaufhauses mit Open-Air-Terrasse.
  VIII. | Blaha Lujza tér 1–2 | Pest
  www.corvinclub.hu
  Di–Sa 20–5 Uhr

- **Dürer Kert** F5
  Populärer Underground-Treffpunkt am Stadtwäldchen mit Gartenlokal.
  XIV. | Ajtósi Dürer sor 19–21 | Pest
  www.durerkert.com
  Tgl. 17–5 Uhr

- **Szimpla Kert** D6
  Treffpunkt der Ruinenszene mit Gartenkino und breit gefächertem Musikprogramm.
  VII. | Kazinczy u.14 | Pest
  www.szimpla.hu | Tgl. 12–3 Uhr

Thermalbäder wie das Széchenyi
sind ein fester Bestandteil des
Budapester Soziallebens

LAND & LEUTE

STECKBRIEF

- **Fläche:** 525 km²
- **Geografische Lage:**
  47° 30′ nördlicher
  Breite, 19° 3′ östlicher
  Länge
- **Einwohnerzahl:**
  1,8 Mio.
- **Bevölkerungsdichte:**
  3231 Einwohner pro km²
- **Bevölkerung:** 90 % Ungarn,
  0,7 % Roma, 0,4 % Ungarndeutsche,
  0,1 % Slowaken
- **Verwaltungseinheiten:** 23 Bezirke
- **Amtssprache:** Ungarisch
- **Religion:** 45 % Katholiken, 13 % Reformierte und andere, 5 % Juden, ca. 20 % ohne Religion

- **Landesvorwahl:** 00 36
  (00 36 1 für Budapest)
- **Zeitzone:** MEZ
- **Währung:** Ungarischer Forint
  (Ft oder HUF)

LAGE

Budapest liegt an der Donau, die an dieser Stelle das ungarische Mittelgebirge verlässt und in das ungarische Tiefland fließt. Die Stadt wird vom Fluss zweigeteilt: in das hügelige und großenteils grüne Buda mit dem historischen Burgviertel auf der westlichen Seite und das etwa doppelt so große Pest in der Ebene, wo sich die eigentliche City ausdehnt. Geotektonisch gesehen liegt die Stadt auf einer Bruchstelle, deshalb ist besonders Buda so reich an Thermalquellen. Den herrlichsten Panorama-Rundblick über ganz Budapest und weit nach Süden genießt man vom Gellért-Berg.

Acht Brücken verbinden heute die beiden Donauufer, die berühmteste ist die Kettenbrücke › S. 98.

Zudem überspannen zwei Eisenbahnbrücken den breiten Strom. In Budapest treffen sich fünf Autobahnen; die Umgehungsschnellstraße M0 entlastet die Innenstadt. Außerdem liegen drei große Donauinseln im Stadtgebiet. Die schönste von ihnen ist die Margareteninsel, ein beliebtes Freizeitziel bei Touristen wie Einheimischen.

STAAT UND POLITIK

1873 wurde Budapest mit der Vereinigung der drei bis dato unabhängigen Städte Óbuda, Buda und Pest endgültig zur Hauptstadt Ungarns. Buda war schon seit dem 14. Jh. Königsresidenz. Die Hauptstadt ist das politische, wirtschaftliche und kulturelle Zentrum des Landes. Hier leben rund 20 % der Bevölkerung.

Parlament, Regierung und Staatspräsident residieren in Budapest.

Im Sommer 1989 demontierte die ungarische Regierung den »Eisernen Vorhang«, um Flüchtlingen aus der DDR die Ausreise in den Westen zu ermöglichen. Damit begann auch für das Land selbst ein entscheidender Umbruch. Schon im Oktober 1989 wurde die Republik ausgerufen; erste freie und geheime Wahlen fanden 1990 statt.

2004 wurde Ungarn EU-Mitglied. Doch die hohen Erwartungen der Bevölkerung an den Beitritt haben sich nicht restlos erfüllt. Statt einer Teilhabe aller am wirtschaftlichen Aufschwung, gesellschaftlichen und sozialen Reformen erlebten die Ungarn immer wieder politisches Versagen, Skandale und Korruption. 2010 bescherte die schwache Bilanz der Vorgängerregierung der populistischen Partei Fidesz unter Viktor Orbán einen erdrutschartigen Wahlsieg. Obwohl auch Orbáns Regierungsstil reichlich Anlass zur Kritik bietet, erlangte er bei den Parlamentswahlen 2014 und 2018 jeweils Zweidrittelmehrheiten, die ihm tief greifende Gesetzesänderungen ermöglichten.

WIRTSCHAFT

Das hohe Ausbildungsniveau ungarischer Arbeitnehmer bei niedrigen Löhnen lockte Großkonzerne aus aller Welt, vor allem aber aus Deutschland und Österreich ins Land. Ungarns Wirtschaft ist dadurch in hohem Maße von der Konjunktur in diesen Ländern abhängig. In den Außenbezirken Budapests entstanden in den vergangenen zwei Jahrzehnten neue Gewerbegebiete, exklusive Shoppingmalls eröffneten in der Innenstadt. Über mangelnde Konsumangebote kann man nicht klagen, wohl aber über steigende Preise und weiterhin geringe Einkommen (2018 betrug das Durchschnitts-Nettoeinkommen monatlich etwa 650 Euro). Die hiervon befeuerte Auswanderung junger, gut ausgebildeter Menschen nach Westeuropa ist in den vergangenen Jahren zum bestimmenden Thema in vielen Familien und auch in der Politik geworden.

Die Wirtschaft leidet unter einem Arbeitskräftemangel, der durch die zahlreichen schlecht ausgebildeten Langzeitarbeitslosen aus dem Osten und dem Südwesten des Landes nicht gelindert werden kann.

TOURISMUS

Der Tourismus ist ein wichtiges wirtschaftliches Standbein und hat rund 10 % Anteil am BIP. Dabei ist Budapest das mit Abstand beliebteste Reiseziel: Jährlich bevölkern über 15 Mio. Besucher die Gassen des Burgviertels und die Pester Innenstadt. Stadt und Staat investieren unablässig in neue Kultur- und Touristikeinrichtungen sowie in die Verbesserung der Infrastruktur. Darüber hinaus bietet die ungarische Hauptstadt das ganze Jahr über hochkarätige Kulturevents in allen Sparten und für alle Altersgruppen, seien es das Frühlings-Festival, das Sziget Festival › S. 61, 135 auf der Óbudaer Insel oder das herbstliche CAFe Budapest Festival.

GESCHICHTE IM ÜBERBLICK

5000 v. Chr. In der Jungsteinzeit beginnen Einwanderer vom Balkan mit Ackerbau und Viehzucht und dem Töpfern.

600 v. Chr. Die Skythen, ein Nomadenvolk aus der Schwarzmeerregion, lassen sich nieder, ebenso die Illyrer.

400 v. Chr. Keltische Erawisker erobern die Region und vermischen sich nach langen Kämpfen mit den Skythen und Illyrern. Die keltische Siedlung Ak-ink entsteht am Budapester Donauufer.

10 v. Chr. Die Römer dringen ein und gründen unter Kaiser Tiberius die Provinz Pannonia.

194 n. Chr. Aquincum, die Römerstadt auf dem Gebiet des heutigen Óbuda, wird unter Kaiser Septimus Severus zur Hauptstadt der Provinz Pannonia Inferior erklärt und hat über 30 000 Einwohner.

409 Nach der Reichsteilung beginnt der Zerfall des Weströmischen Reiches. Die Hunnen unter König Attila vertreiben die Römer, ziehen sich aber 50 Jahre später wieder zurück. Aquincum wird aufgegeben.

567 Die Awaren, ein asiatisches Reitervolk, fallen ein, drängen nach Westen bis Thüringen vor. Entlang der Donau werden immer wieder neue Siedlungen gegründet.

803 Kaiser Karl dem Großen gelingt es, das Reich der Awaren zu zerschlagen; erste slawische Siedler lassen sich auf dem Gebiet des heutigen Budapest nieder.

896 Die Magyaren, ein Reitervolk, kommen aus dem mittleren Ural und erobern unter Führung des legendären Árpád das Land. Sie lassen sich am Budaer Donauufer nieder. Mit der sog. »Landnahme« beginnt nach heutiger Auffassung die Geschichte Ungarns.

1001 Stephan I., ein Nachkomme Árpáds, wird zum ersten König Ungarns gekrönt. Nach seinem Tod wird er heiliggesprochen.

1150 In der zweiten Hälfte des 12. Jhs. nimmt die wirtschaftliche Bedeutung von Buda und Pest zu.

1222 Die Rechte des Adels werden in der »Goldenen Bulle« von König Andreas II. erweitert.

1242 Im Februar brennen die Mongolenscharen Batu Khans Pest und Buda nieder. In den Chroniken taucht Altofen auf, eine von Deutschen bewohnte Stadt, der heutige Bezirk Óbuda.

1308 Karl I. aus dem Hause Anjou wird zum König gekrönt und verlegt seine Residenz nach Visegrád, etwa 40 km nördlich von Buda.

1347 Unter König Ludwig I. dem Großen wird Buda wieder Königsstadt und gelangt zu wirtschaftlicher Blüte.

1387 Sigismund von Luxemburg wird König von Ungarn und 1433 auch Kaiser des Heiligen Römischen Reiches Deutscher Nation.

1446 Feldherr János Hunyadi wird zum Reichsverweser bestellt. Er kann die angreifenden Osmanen zunächst abwehren.

1458 Matthias Corvinus, Hunyadis Sohn, wird vom Reichstag zum König gewählt.

1514 Ein Bauernaufstand gegen die Unterdrückung durch den Adel wird blutig niedergeschlagen.

1526 Die Osmanen unter Sultan Süleyman I. zerstören Buda, ziehen aber wieder ab.

1541 Süleyman II. okkupiert die Stadt. Der größte Teil Ungarns wird für 145 Jahre Teil des Osmanischen Reiches. Moscheen und Bäder werden gebaut, viele Einwohner vertrieben oder versklavt.

1686 Das deutsch-österreichische Heer unter Karl von Lothringen erobert die Stadt. Die Habsburger Herrschaft beginnt und damit die Unterdrückung der ungarischen Bauern und des niederen Adels. Buda und Pest werden wieder aufgebaut, viele deutsche Händler und Handwerker siedeln sich an.

1703 Fürst Ferenc Rákóczi II. erzielt mit seinem Bauernheer Erfolge im Kampf gegen die Habsburger.

1710 Nachdem Russland und Frankreich Rákóczi ihre Unterstützung verweigert haben, wird der Aufstand niedergeschlagen.

1730 In Buda erscheint die erste deutschsprachige Zeitung, der «Ofnerische Mercurius».

1741 Maria Theresia wird Königin von Ungarn. Sie richtet einen Postkutschendienst nach Wien ein und reformiert das Unterrichtswesen.

1766 Die erste Schiffsbrücke zwischen Buda und Pest wird gebaut.

1780 Maria Theresias Sohn Joseph II. wird Thronfolger. Vier Jahre später führt er Deutsch als

Die ungarischen Krönungsinsignien

Amtssprache ein, nimmt diese unpopuläre Maßnahme aber auf seinem Sterbebett zurück.

1802 Die Széchényi-Bibliothek und das Ungarische Nationalmuseum werden gegründet.

1838 Bei einem Hochwasser kommen fast 70 000 Menschen ums Leben, große Teile beider Städte werden überflutet.

1848 Der Dichter und spätere ungarische Volksheld Sándor Petőfi und die »Märzjugend« rufen durch das öffentliche Skandieren des »Nationalliedes« und die Proklamation der »Zwölf Punkte« die Märzrevolution aus.

1849 Die Habsburger schlagen mit Hilfe des zaristischen Russland den Freiheitskampf blutig nieder.

1851 Der Pester Gynäkologe Ignác Semmelweis entdeckt den Erreger des Kindbettfiebers.

1867 Österreich-Ungarischer »Ausgleich«, die Doppelmonarchie entsteht. Franz Joseph I. und Elisabeth (»Sisi«) werden in der Matthiaskirche zum Königspaar von Ungarn gekrönt. Graf Andrássy wird ungarischer Ministerpräsident.

1873 Die Städte Buda, Pest und Óbuda werden zur Hauptstadt Budapest vereinigt.

Ab 1876 Blütezeit Budapests: Der Große Ring wird gebaut, ferner das Parlament, der Westbahnhof, die Zentrale Markthalle, U-Bahn-Linie M1 und viele bürgerliche Mietshäuser, die heute noch stehen.

1884 Eröffnung des Ostbahnhofs und des Opernhauses.

1896 Große Feierlichkeiten anlässlich des 1000. Jahrestages der Landnahme. Das Parlamentsgebäude wird eingeweiht.

1914 Erster Weltkrieg. Unter den Fahnen der Habsburger müssen die Ungarn an der Seite Österreichs in den Kampf ziehen. 380 000 Soldaten fallen.

1918 Die K.-u.-k.-Doppelmonarchie zerfällt; in Ungarn wird die Republik ausgerufen.

1919 Ungarn wird für 133 Tage Räterepublik. Rumänische Truppen besetzen Budapest.

1920 Durch das Abkommen von Trianon (Versailles) verliert Ungarn mehr als zwei Drittel seines Staatsgebietes. Admiral Miklós Horthy lässt sich zum Reichsverweser ernennen.

1941 Kriegseintritt Ungarns an der Seite Hitler-Deutschlands. Zunehmender Antisemitismus.

1944 Versuch der Loslösung von Deutschland. Einmarsch deutscher Truppen in Budapest. Die jüdischen Bürger der Stadt werden in Gettos interniert. Im Gegensatz zu ihren Glaubensbrüdern im restlichen Ungarn entkommen jedoch die meisten von ihnen der massenhaften Deportation.

1945 Die Deutschen sprengen alle Brücken. Schwere Schäden durch amerikanische Bombenangriffe. Besetzung der Stadt durch sowjetische Truppen.

1946 Ungarn wird Republik.

1949 Ungarn wird durch eine Wahlfälschung kommunistische Volksrepublik. Stalinistische Säuberungsaktionen unter Staats- und Parteichef Mátyás Rákosi.

1953 Imre Nagy wird ungarischer Ministerpräsident, bleibt aber nur bis 1955 im Amt.

1956 Am 23. Oktober bricht die Revolution gegen das stalinistische Regime aus. Kämpfe in der Stadt. Imre Nagy wird Ministerpräsident der Revolutionsregierung und erklärt den Austritt des Landes aus dem Warschauer Pakt. In der Folge schlagen sowjetische Truppen die Revolution blutig nieder. 250 000 Ungarn fliehen in den Westen.

1958 Imre Nagy wird nach einem Geheimprozess als Hochverräter hingerichtet.

Ab 1968 Tauwetter in Ungarn: sogenannter »Gulaschkommunismus« unter János Kádár.

1989 Ungarn öffnet den Eisernen Vorhang für Bürger der DDR. Am 23. Oktober erfolgt die Ausrufung der Republik Ungarn.

1990 Das konservative Ungarische Demokratische Forum (MDF) gewinnt die ersten freien Wahlen.

Blick von der Zitadelle über Budapest

1999 Ungarn tritt der NATO bei.
2004 Ungarn wird Mitglied der Europäischen Union.
2010 Die populistische Partei FIDESZ erzielt bei den Parlamentswahlen eine Zweidrittelmehrheit, was tief greifende Gesetzesänderungen ermöglicht. Viktor Orbán wird zum zweiten Mal nach 1998 zum Ministerpräsidenten gewählt.
2011/2012 Von der Regierung veranlasste Änderungen des Mediengesetzes und der Verfassung stoßen im In- und Ausland auf Kritik.
2016/17 Sportliche Großereignisse beschäftigen die Budapester: Im Juni sorgt das unerwartet gute Abschneiden der ungarischen Mannschaft bei der Fußball-EM der Männer für eine seit Jahrzehnten nicht mehr dagewesene Fußballbegeisterung. 2017 findet die Schwimm-WM in Budapest statt.

2018 Orbáns FIDESZ wird wiedergewählt und erreicht im Parlament knapp eine Zweidrittelmehrheit.
2019 Budapest ist »Sporthauptstadt Europas«. In diesem Rahmen sind zahlreiche Events geplant.

BUCHTIPPS

• **Ungarn in der Nußschale: Geschichte meines Landes,** von György Dalos (Beck'sche Reihe, 2005). Brillant geschriebener Überblick über die Geschichte Ungarns.
• **Mein verspieltes Land: Ungarn im Umbruch,** von Paul Lendvai (Ecowin Verlag, 2010). Der österreichische Journalist, der auch ein Standardwerk zur ungarischen Geschichte verfasst hat, schildert die Entwicklung des Landes von 1989 bis zum Rechtsruck unter der Regierung Orbán.

NATUR & UMWELT

Budapest und seine Umgebung zählen zu den reizvollsten Fluss-Stadt-Landschaften Europas.

Nach einer 1200 km langen Reise durchfließt die Donau die ungarische Metropole vom malerischen Donauknie in Richtung Süden in einer Breite von 400–500 m und ca. 3 m Tiefe. Gleichzeitig verlässt sie das waldreiche, hügelige ungarische Mittelgebirge und tritt in die Große Tiefebene ein. So umfasst Budapest zwei geografische Großräume.

Grüne Lunge und größtes Naherholungsgebiet der Stadt sind die Budaer Berge › S. 139 mit ihren ausgedehnten, artenreichen Mischwäldern, streng geschützten Grassteppen, Obstgärten und ausgedehnten Villenvierteln. Hier liegen zahlreiche Schutzgebiete unter der Verwaltung des Nationalparks Duna-Ipoly, z. B. der Sas-Berg oder die Kette des Szénás-Gebirges, an dessen Dolomithängen der weltweit einzigartige Piliser Lein wächst. Auch stehen die beeindruckenden Budaer Höhlen unter besonderer Aufsicht. Lehrpfade und ein weites Netz an Wanderwegen erschließen das weiträumige Gebiet. Auch der Innenstadtbereich weist viele Grünzonen auf, insbesondere auf der Margareteninsel › S. 126 und im Stadtwäldchen › S. 116.

Wie alle Großstädte kämpft Budapest mit starkem Autoverkehr und der daraus resultierenden Luftverschmutzung. Zur Rushhour erweisen sich die Donaubrücken oft als Nadelöhr. Der Ausbau der Umgehungsautobahn M0 konnte diese Probleme bislang nur teilweise lösen.

DIE MENSCHEN

Budapest ist eine Metropole mit vielen Gesichtern – und ebenso vielschichtig ist seine Bevölkerung. Bis vor etwa 100 Jahren war die Stadt ein multikultureller Schmelztiegel mit Einwohnern unterschiedlichster Herkunft.

Obwohl sich heute die überwiegende Mehrheit der Budapester als Ungarn bezeichnet, haben die Bewohner der ungarischen Hauptstadt ganz verschiedene Wurzeln. Noch bis zur Mitte des 20. Jhs. lebten in Budapest Ungarn, Deutsche, Slowaken, Griechen, Juden, Armenier und eine ganze Reihe weiterer Nationalitäten zumeist friedlich mit- und nebeneinander. Nach den Schrecken des Holocaust und der Vertreibung der Ungarndeutschen sowie infolge von Assimilation sind diese Minderheiten heute weniger sichtbar. Dennoch sind viele Budapester stolz auf ihre multiethnische Herkunft und wissen sehr genau, welche Urgroßmutter bulgarisch, deutsch oder eben jü-

Schach wird in Budapest nicht im Park oder Kaffeehaus, sondern im Thermalbad gespielt

disch war. Viele Ungarn jüdischer Herkunft haben sich in den vergangenen Jahren auf ihre Wurzeln besonnen und entdecken ihre kulturelle und religiöse Herkunft neu. Der Anteil der Roma ist mit offiziell etwa 4 % wohl zu gering erfasst; staatliche Förderprogramme bemühen sich um eine bessere Integration dieser gesellschaftlichen Randgruppe. Bei den Arbeitsmigranten handelt es sich meist um ethnische Ungarn aus den Nachbarländern.

BUCHTIPPS

- **Die Paprikantin: Ungarn für Anfänger,** von Lysann Heller (Ullstein Taschenbuch, 2008). Heiterer, selbstironischer Bericht einer Zeitungspraktikantin über erste Kontakte mit der ungarischen Sprache sowie den Charme und Eigensinn der Ungarn.
- **Ein Ungar kommt selten allein: Der Magyarenspiegel aufpoliert,** von Georg Kövary (Verlag Starks-Sture, 2006) Humoristisches Standardwerk zur ungarischen Denk- und Lebensweise und zugleich Hommage an diese.

💬 VERSTÄNDIGUNG

Das Ungarische ist in Europa einzigartig und hat eine ungewöhnliche grammatische und lexikalische Struktur. Urlaubern macht es das nicht gerade leicht, doch freut die Ungarn jeder Versuch, sich in ihrer Sprache zu verständigen > S. 158. In Hotels, Cafés und Restaurants kommt man aber mit Deutsch oder Englisch gut zurecht. Die meisten Budapester sprechen eine von beiden Sprachen.

KUNST & KULTUR

ARCHITEKTUR

Buda, Pest und Óbuda waren über Jahrhunderte hinweg von fremden Mächten besetzt, die ungarische Kultur daher vielen äußeren Einflüssen ausgesetzt, ob in Architektur, Sprache, Musik oder Malerei.

Schon die Römer brachten ihre Kultur in die auf dem Gebiet des heutigen Stadtbezirks Óbuda gelegene Stadt Aquincum, schufen kunstvolle Mosaiken und versahen ihre Häuser mit Fußbodenheizungen.

Im 14. Jh. fand die Gotik Eingang in die Architektur. Beispiele sind die gotischen Sitznischen in den Torgängen der alten Häuser im Burgviertel. Viele Bauten haben gotische Elemente, etwa die **Matthiaskirche** › S. 70 oder das Wohnhaus in der Tárnok utca 14 › S. 69.

König Matthias Corvinus hatte sich im 15. Jh. der Renaissance verschrieben. Er veranlasste den Bau vieler Gebäude in diesem Stil; die meisten jedoch wurden von den Osmanen zerstört oder umgestaltet.

Die Zeit der osmanischen Besetzung im 16. und 17. Jh. hinterließ ihre Spuren in der Stadt. Überkuppelte **Thermalbäder** wie das Rudas › **Seitenblick S. 78** gehen auf orientalische Einflüsse zurück.

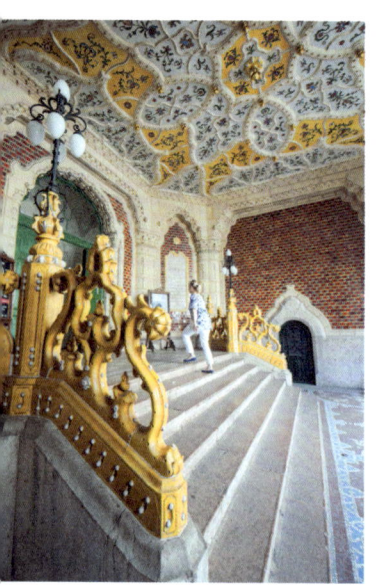

Das Kunstgewerbemuseum präsentiert sich als Märchenpalast in buntem Stilmix

Nach der Vertreibung der Osmanen durch katholische Heere unter Führung Österreichs kam die große Zeit des Barock. Unzählige Gebäude wurden in diesem Stil errichtet, so etwa das **Budaer Rathaus** › S. 70 oder die **Innerstädtische Pfarrkirche** in Pest › S. 90.

JUGENDSTIL IN BUDAPEST

Die Zeit um 1900: Gerade erst hatte man die 1000-Jahr-Feiern zur Landnahme der Ungarn 896 hinter sich, pompöse Bauten wie das Parlament, der Westbahnhof, die Elisabethbrücke, die Andrássy út und der gesamte Große Ring waren entstanden. Den Menschen ging es gut, besonders in Intellektuellen-Kreisen herrschte Hochstimmung.

Budapest war ein ideales Experimentierfeld auch für architektonische Innovationen. Noch vor 1900

Blaue Zsolnay-Fliesen zieren das Dach des Geologischen Instituts

schwappte aus Westeuropa ein neuer Baustil nach Ungarn hinüber. In Frankreich hieß er Art Nouveau, in Italien Stile Liberty, in Deutschland Jugendstil. In Budapest nannte man ihn wie in Wien Sezession. Genügend Geld war vorhanden, die Köpfe der Architekten steckten voller neuer Ideen und die Bauherren zogen mit. Zwar waren infolge des Baubooms der vorangegangenen Jahrzehnte nicht mehr allzu viele Grundstücke frei, dennoch entstanden in Budapest einige Jugendstilbauten von besonderem Rang.

Eine Schlüsselfigur des ungarischen Sezessionsstils war der Architekt **Ödön Lechner** (1845–1914). Er hatte auf Reisen orientalische und osmanische Baudenkmäler studiert und war fasziniert davon. In seine Entwürfe ließ er Schmuckelemente der östlichen Kunst, aber auch der ungarischen Volkskunst einfließen. Gern griff er auf einheimische Materialien zurück.

Neben vielen anderen zeugen exemplarisch drei Gebäude von der Lust des Architekten am Experiment: das **Geologische Institut,** das **Kunstgewerbemuseum** › S. 97 und die **Postsparkasse** › S. 101 im Regierungsviertel. Sie alle sind um 1900 entstanden und spiegeln – nach gründlicher Restaurierung – den unerschöpflichen Ideenreichtum des Baukünstlers wider. Die Fassade des Kunstgewerbemuseums mit den bunten Zsolnay-Fliesen ist eine Mischung von Einflüssen aus Indien, Italien und Ungarn, ein Spiel bunter Farben, die Realisierung eines Traums. Auch bei der Postsparkasse ließ Lechner alle Register seiner Fantasie spielen: Er deckte das Dach mehrfarbig, gelbe Majolika-Wellen schwappen über den Giebel, geschmückt mit bunten Bienen, Blumen und Engeln. Ein geniales Sammelsurium, beredtes Zeugnis des damaligen Lebensgefühls.

Nach dem Vorbild von Bauten Lechners entstanden Wohnhäuser mit verspielten Giebeln und Fenstern, verschnörkelte Dampfbäder und die bunten

Elefantenhäuser im **Zoo** › S. 118. Selbst vor den Friedhofstoren machte die Mode nicht halt. Lechners bedeutendster Schüler Béla Lajta (1873–1920) schuf auf dem Jüdischen Friedhof einige herausragende Werke, darunter das **Schmidl-Mausoleum** › S. 144. Kurz nach 1900 war der Traum jedoch ausgeträumt, die Bauherren hatten genug von kühnen Gedanken und bunten Farben. Man baute nun im Stil des Neobarock. Was blieb, sind steinerne Traumgebilde, Beweis dafür, dass Architektur nicht allein dazu da ist, den Menschen ein Dach über dem Kopf zu geben.

ZEITGENÖSSISCHE ARCHITEKTUR

Da das Budapester Stadtzentrum eine weitgehend lückenlos erhaltene Bebauung aus dem 19. Jh. aufweist, gibt es nur wenig zeitgenössische Architektur, und wenn, dann ist ihr anzusehen, dass nicht Architekten und Stadtplaner, sondern Investoren das letzte Wort hatten. Eher gesichtslose Einkaufszentren wie das **WestEnd** › S. 110 am Westbahnhof oder das **Mammut** › S. 77 am Széll Kálmán tér lassen sich dieser Kategorie zuordnen. Ein gelungenes Beispiel aktueller Architektur ist hingegen das **Bálna,** ein Gastronomie- und Geschäftszentrum, das sich wie ein gestrandeter Wal zwischen zwei historische Lagerhallen am Pester Donauufer schmiegt. Der Entwurf stammt vom Rotterdamer Architkurbüro Oosterhuis-Lénárd (IX., Fővám tér 11–12, www.balnabudapest.hu). Bei der Planung der bunten **Lehel-Markthalle** (Lehel piac) frönte der Budapester Architekt László Rajk ganz ungehemmt der Lust am architektonischen Zitat (XIII., Váci út 9–15, Mo–Fr 6–18, Sa 6–14, So 6–13 Uhr). › mehr S. 16 Punkt ㉓ In den kommenden Jahren soll ein architektonisch anspruchsvolles Museumsviertel am Rand des Stadtwäldchens entstehen.

Budapests spektakulärster zeitgenössischer Bau ist der »Wal« am Donauufer

DICHTUNG UND MUSIK

Im 18. Jh. entwickelte sich in Auflehnung gegen die Habsburger Vorherr-schaft erstmals eine nationale ungarische Kultur. Die erste ungarischspra-chige Zeitung erschien, das Budaer Burgtheater wurde eröffnet und spiel-te ungarische Stücke. 1810 wurde das Ungarische Nationalmuseum gegründet.

Im Vorfeld der Revolution von 1848 breitete sich wie im übrigen Europa auch der Wunsch nach nationaler Eigenständigkeit aus. Dichter wie **Sán-dor Petőfi, Mihály Vörösmarty** oder **János Arany** wurden mit ihren pa-triotischen lyrischen Werken zu gefeierten Volkshelden. Um diese Zeit ent-stand eines der wichtigsten Werke der ungarischen Literatur: »Bánk bán« von **József Katona**, ein historisches Drama in ungarischer Sprache, das von der österreichischen Zensur verboten wurde. Das Werk »Die Tragödie des Menschen« von **Imre Madách** nimmt in der ungarischen Literatur etwa den gleichen Platz ein wie Goethes »Faust« in der deutschen.

Gegen Ende des 19. Jhs. taten sich die Komponisten hervor. **Franz Liszt** führte in der Matthiaskirche die Krönungsmesse auf und gründete zusam-men mit **Ferenc Erkel,** dem Komponisten der ungarischen Nationalhymne, die Musikakademie. Von 1888 bis 1891 war **Gustav Mahler** Direktor der Budapester Staatsoper. Anfang des 20. Jhs. war Budapest ein wichtiger Kris-tallisationspunkt ungarischer und europäischer Kultur. Gerade waren an-lässlich der Millenniumsfeiern (1896) die Oper, das Nationaltheater, das Lustspieltheater und die Redoute fertiggestellt worden.

ZENTRUM EUROPÄISCHER KULTUR

Viele Künstler »Kakaniens«, wie dereinst Robert Musil das k. u. k. Reich bezeichnete, ließen sich in der Stadt nieder, trafen sich in Klubs zum Dis-putieren und Feiern. 1908 gründete der Lyriker **Endre Ady** die Zeitschrift »Nyugat« (»Westen«), die das literarische Leben in der Donaustadt viele Jahre lang prägte. Das legendäre **Kaffeehaus New York** › S. 86 war Treff-punkt der Schöngeister. Auch die Operette fand immer mehr Freunde. **Emmerich Kálmán** wurde zum Volksliebling, seine »Csárdásfürstin« füll-te die Häuser.

Nach dem Versailler Friedensvertrag (1920) verlor Ungarn zwei Drittel seines Staatsgebiets und auch das kulturelle Zentrum Siebenbürgen an die Nachbarstaaten. Es begann eine schwere Zeit für das Land. In den 1930er-Jahren emigrierten viele Künstler und Intellektuelle angesichts des aufzie-henden Faschismus. Andere, wie die Dichter **Attila József** und **Gyula Ill-yés** schrieben dagegen an – vergebens. Im Zweiten Weltkrieg wurden viele jüdische Künstler ermordet, so auch **Miklós Radnóti**, der seine schreckli-chen Erlebnisse während der Verschleppung in Gedichten beschrieb. Man fand seine letzten Werke nach seiner Erschießung auf einem Todesmarsch in der Tasche seines Mantels.

Im kommunistischen Nachkriegsungarn wurden bald Zeitungen und Zeitschriften verboten, und die politische Gleichschaltung wirkte sich auch auf die Literatur aus. Als offizielle Doktrin dominierte der sozialistische Realismus. Bedeutende Autoren flüchteten sich in historische Stoffe oder verstummten ganz.

Einer Reihe von Dissidenten gelang die Publikation ihrer Werke im Ausland, z. B. **György Konrád,** dessen Erstlingswerk »Der Besucher« (1969) später auch verfilmt wurde, sowie **György Dalos** und **Péter Esterházy.** Die Verleihung des Karlspreises 2001, des Franz-Werfel-Menschenrechtspreises 2007 an Konrád und des Nobelpreises für Literatur 2002 an **Imre Kertész** rückten die neuere ungarische Literatur endgültig ins internationale Blickfeld. Einen festen Platz auf dem deutschsprachigen Buchmarkt eroberten sich auch die Romane von **Sándor Márai** und **Péter Nádas.** Im deutschen Sprachraum bekannte Gegenwartsautoren sind **György Dragomán** sowie die ungarischstämmigen **Terézia Mora** und **Ágota Kristóf.**

FILM- UND MUSIKSZENE

Ab den 1970er-Jahren machten sich die Regisseure **István Szabó** (»Mephisto«), **Miklós Jancsó** und **Márta Mészáros** international einen Namen. 1989 erhielt **Ildikó Enyedi** für ihren einfühlsamen Film »Mein 20. Jahrhundert« die Goldene Kamera bei den Filmfestspielen in Cannes. Auf der Berlinale 2011 hatte **Béla Tarrs** letzter Film »Das Turiner Pferd« Weltpremiere, der Regisseur selbst wurde mit dem Großen Preis der Jury ausgezeichnet. Ebenso wie **Bence Fliegauf** 2012 mit seinem Beitrag »Nur der Wind«, der zudem noch den Friedens- und Amnesty-Filmpreis bekam. 2016 räumte »Son of Saul« von **László Nemes Jeles** den Oscar, den Golden Globe (jeweils für den besten fremdsprachigen Film), die Goldene Palme in Cannes sowie zwei Dutzend weitere Preise ab. Im selben Jahr erhielt »It's not the Time of my Life« von **Szabolcs Hajdu** den Hauptpreis des renommierten Internationalen Filmfestivals Karlovy Vary. 2017 war wieder Ildikó Enyedi an der Reihe: Mit ihrem Melodram »Körper und Seele« gewann die Regisseurin den Goldenen Bären bei der Berlinale.

Nicht Talent und Können, eher die Sprachbarriere verhinderte bisher den internationalen Erfolg ungarischer Rockbands. In den 1970er-Jahren machten zunächst die Bands **Omega, Skorpió** und **LGT** Furore und wurden notgedrungen vom Regime geduldet. Die Sängerin **Zsuzsa Koncz** trat in den 1970er- und 1980er-Jahren in beiden Teilen Deutschlands auf. Die Rockband **Illés** baute Elemente der Volksmusik in ihre Nummern ein. Den Sound der 1990er-Jahre bestimmte die Alternativ-Rockband **Kispál és a Borz,** deren Lieder viele Ungarn zwischen 30 und 50 auch heute noch auswendig kennen. Aktuell arbeitet die Jazz-Pop-Sängerin **Veronika Harcsa** mit ihren leichten und musikalisch dennoch anspruchsvollen englischsprachigen Liedern an einer internationalen Karriere.

WELTMETROPOLE DER MUSIK

Budapest ist das Zentrum des regen Theater- und Musiklebens in Ungarn. Hier residieren die Ungarische **Staatsoper** und das Ungarische **Staatsballett** in einem der schönsten Opernhäuser der Welt. Hier gibt es die prunkvollsten Konzertsäle für klassische Musik, z. B. in der **Franz-Liszt-Musikakademie** und in der **Pester Redoute.** Operettenliebhaber und Musicalfans können unter namhaften Bühnen wählen. Die Paradestücke der ungarischen Operette von Kálmán, Lehár und Huszka stehen immer auf dem Programm, auch in deutscher Sprache.

Atmosphärischer Schauplatz der **Folklorevorführungen** des Ungarischen Staatlichen Volkstanzensembles in ungarischen Trachten ist das **Haus der Traditionen** (Hagyományok Háza) in der Budaer Redoute.

Zu einem der größten Open-Air-Musikfestivals Europas avancierte das auf der Óbudaer Insel stattfindende **Sziget Festival** › S. 61, 135. Zu diesem Event mit vielen Weltstars aus Pop und Rock reisen jedes Jahr an die 400 000 Fans an.

Die **Theater- und Konzertsaison** dauert gewöhnlich von September bis Juni. Im Juli und August gibt es Open-Air-Veranstaltungen auf zahlreichen Freiluftbühnen.

UNGARISCHE VOLKSMUSIK

Ungarn ist eine Musiknation. Ungewöhnlich reich ist der Schatz an Volksliedern. Die Komponisten **Béla Bartók** und **Zoltán Kodály**

Die Ungarische Staatsoper ist schon architektonisch ein Highlight

In Budapest präsentieren ausgezeichnete Ensembles ungarischen Volkstanz

sammelten das Liedgut Anfang des 20. Jhs., erforschten seine Eigenarten wissenschaftlich und publizierten es, auch in ihre eigenen Kompositionen fand es Eingang.

FOLKLORE ALS PROTEST

In den 1970er-Jahren entstand die Tanzhausbewegung als Form des friedlichen Protestes gegen die Gleichschaltung. Man traf sich, um gemeinsam zu musizieren und unter Anleitung von Vortänzern Traditionstänze zu lernen. Die Folkgruppe **Muzsikás** und die Sängerin **Márta Sebestyén** gehören seit Jahrzehnten zur Spitzenklasse.

Tanzhäuser leben von der Freude an der Musik und dem Wunsch mitzutanzen. Sie ergeben sich oft spontan bei Auftritten und Konzerten, denn die ungarischen Melodien sind einfach mitreißend. Es bildet sich ein Kreis, man stellt sich dazu und versucht den Schritten der anderen zu folgen.

OPER, OPERETTE

• **Budapesti Operettszínház** 🎵 D5
Das Operettentheater residiert in einem schmucken Jugendstilbau. > mehr S. 17 Punkt ㉙
VI. | Nagymez#ö# u. 17–19 | Pest
Tel. 312-4866 | www.operettszinhaz.hu

• **Magyar Állami Operaház (Staatsoper)** 🎵 C6
Hervorragende Operninszenierungen in festlicher Atmosphäre > S. 107.
VI. | Andrássy út 22 | Pest
Tel. 332-7914 | www.opera.hu

KLASSISCHE MUSIK

• **Zeneakadémia (Franz-Liszt-Musikakademie)** 🎵 D6
Hochkarätige klassische Konzerte im Jugendstilsaal > S. 109.
VI. | Liszt Ferenc tér 8 | Pest
Tel. 321-0690 | www.zeneakademia.hu

FOLKLORE & TANZHAUS

• **Hagyományok Háza** 🎵 B6
Pro Jahr etwa 100 Auftritte des Staatlichen Folkloreensembles.
I. | Corvin tér 8 | Buda
Tel. 225-6000 | www.heritagehouse.hu

• **Fonó Budai Zeneház** 🎵 B10
Ungarische und internationale Folklore, auch Jazz. > mehr S. 13 Punkt ❿
XI. | Sztregova u. 3
Tel. 206-5300 | www.fono.hu

PROGRAMMINFOS & TICKETS

Aktuelle Veranstaltungstipps bietet die deutschsprachige »Budapester Zeitung« (www.budapester.hu).

Tickets kann man online über www.jegye.hu, www.ticketportal.hu oder www.hungariakoncert.hu buchen oder bei einer der Vorverkaufsstellen > S. 153 erwerben.

FESTE & VERANSTALTUNGEN

In der Landeshauptstadt ist das ganze Jahr über etwas los. Um den Gästen aus aller Welt auch außerhalb der Hauptsaison etwas zu bieten, finden immer mehr Festivals im Frühling oder Herbst statt. Selten sind die Budapester ganz unter sich.

FESTKALENDER

Januar: Das **Internationale Zirkusfestival** im Städtischen Zirkus › S. 118 ist eine der renommiertesten Veranstaltungen der Branche. Am 1. Januar **Neujahrskonzert** in der Staatsoper › S. 60, 107.
Februar: **Internationale Ballettgala** in der Staatsoper › S. 60.
März: Budapester **Frühlingsfestival** mit Auftritten internationaler Stars aus den Sparten Kunst, Theater, Musik und Tanz (www.btf.hu). Veranstaltungen zum **15. März,** dem Gedenktag der Revolution von 1848.
April: **Osterfestivals** an verschiedenen Orten in der Stadt.
Mai: **Gourmet-Festival** im Millenáris Park; die besten Restaurants, Weingüter und Brennereien stellen sich vor.
Juni: **Kinder-Sziget-Festival** an vier Wochenenden mit kostenlosen Programmen und Animation.
Juli: Budapester **Sommerfestival** auf mehreren Freilichtbühnen. **Formel-1-Rennen** am Hungaroring (www.hungaroinfo. com/formel1).
August: **Sziget – Openair-Festival** auf der Óbudaer Insel › S. 135 (www.sziget.hu). Der 20. August ist **St.-Stephans-Tag** mit großem Feuerwerk. Auf dem Burgberg findet das **Fest der Handwerksberufe** statt. Ende August bis Anfang September **Jüdisches Sommerfestival.**
September: **Wein- und Sektfestival** in der Budaer Burg.

Oktober: **CAFe Budapest** Festival zeitgenössischer Kunst mit Musik, Theater, Film, Tanz, bildender Kunst und Performances, etwa 150 Veranstaltungen an über 40 Orten (www.cafebudapestfest.hu).
November: An **Allerheiligen** werden die Friedhöfe geschmückt.
Dezember: Großer **Weihnachtsmarkt** auf dem Vörösmarty tér und zahlreiche weitere Märkte an verschiedenen Schauplätzen im Stadtzentrum. **Silvestergalas** auf allen Bühnen Budapests.

Das Zirkusfestival ist eine Leistungsschau der besten internationalen Artisten

Das Millenniumsdenkmal
wurde anlässlich der Tausend-
jahrfeier 1896 errichtet

TOUREN & SEHENSWERTES

BUDAER
HIGHLIGHTS

Die konischen Türme der Fischerbastei lassen die Zelte anklingen, in
denen die Magyaren lebten

Auf dem Burgberg stehen mit der Matthiaskirche und der für ihren Ausblick berühmten Fischerbastion zwei architektonische Glanzlichter. Zu Füßen des Géllert-Bergs speisen Thermalquellen eines der schönsten Bäder der Stadt.

Der westlich der Donau gelegene Stadtteil Buda erstreckt sich bis hoch hinauf in die Hügel am Stadtrand. Die Highlights befinden sich aber in den historischen Stadtgebieten nahe dem Fluss. Herzstück und Hauptattraktion ist der Burgberg. Das etwa 1,5 km lange Felsplateau liegt 167 m über dem Meeresspiegel und 50 bis 60 m über der Donau. Im Süden dominiert der gewaltige Burgpalast, in seinem Schutz liegt die im 13. Jh. nach Mongoleneinfällen angelegte Bürgerstadt, in der sich Kaufleute aus ganz Europa niederließen. Bei der Belagerung durch die kaiserlichen Truppen im Jahre 1686, die der 145-jährigen Osmanenherrschaft ein Ende setzten, fiel fast das gesamte Burgviertel in Schutt und Asche. Heute präsentiert es sich als überwiegend barockes Ensemble – es ist Teil des UNESCO-Weltkulturerbes.

Im Süden erhebt sich der Gellért-Berg mit der weithin sichtbaren Freiheitsstatue. Die imposante Zitadelle auf der Kuppe des Berges wurde Mitte des 19. Jhs. als Machtsymbol der in Ungarn regierenden Habsburger erbaut. Dank der schönen Parkanlagen und des weltberühmten gleichnamigen Bades zu seinen Füßen ist der Gellért-Berg ein beliebtes Wochenendausflugsziel auch für die Budapester. Die Osmanen hinterließen den Budapestern ihre Badekultur – noch heute existieren zwei von Kuppeln überspannte türkische Bäder in der Nähe der Elisabeth- und der Margaretenbrücke.

Rund um den Burgberg entstanden Handwerker- und Handelsviertel. Ihr eigenständiger Charakter fiel dem Wirtschaftsaufschwung um 1900 zum Opfer. Gründerzeitbauten prägen heute das historische Stadtgebiet.

Verkehrsreichster Platz nördlich der Burg ist der Széll Kálmán tér. Werktags strömen hier die Pendler aus den Vororten zusammen, während an Wochenenden viele Ausflügler auf dem Weg in die Budaer Berge sind.

Einen Eindruck vom zerstörten Palast der Habsburger gibt dieses barocke Prunktor

TOUREN IN BUDA

DAS BURGVIERTEL

> **ROUTE:** Burgberg › Burgpalast › Matthiaskirche › Fischerbastei › Labyrinth
>
> **KARTE:** Seite 72
> **DAUER:** 3–4 Std. zu Fuß
> **PRAKTISCHE HINWEISE:**
> - Auf den Burgberg gelangt man am schnellsten mit der Standseilbahn **Sikló,** die vom Clark Ádám tér zum Szent György tér hinauffährt.
> - Eine preisgünstige Alternative ist die Buslinie 16 (einige Kurse auch als 16A und 116). Sie verkehrt in kurzen Abständen von der Metrostation Ⓜ Széll Kálmán tér/Ecke Várfok utca hinauf zum Dísz tér.
> - In der Gegenrichtung verbindet die Linie 16 das Burgviertel mit dem Deák Ferenc tér in der Pester Innenstadt.

TOUR-START: BURGBERG

Schon seit der späten Steinzeit besiedelt, setzte die eigentliche Bebauung des Burgbergs im 13. Jh. ein. Nach dem Mongolensturm von 1241 entstand auf der Anhöhe eine bürgerliche Wohnstadt, geschützt durch eine mächtige Befestigungsanlage. Belagerungen, Besetzungen und Zerstörungen kennzeichnen die Geschichte des Burgbergs. 1988 wurde das Burg-Ensemble zum UNESCO-Weltkulturerbe erklärt. Dem Auge verborgen durchziehen kilometerlange natürliche Höhlen und Labyrinthe das Felsplateau.

BURGPALAST 1 ⭐ 📖 B6

Der Burgpalast ist das mächtigste Gebäude und fast von jedem Punkt der Innenstadt aus zu sehen. Eine erste Burg ließ König Béla IV. ab 1247 errichten, in den folgenden Jahrhunderten erfolgten mehrfach Umbauten und Erweiterungen. Zweimal wurde die Burg fast vollständig zerstört: bei der Wiedereroberung von den Osmanen 1686 und bereits zuvor im Jahre 1578, als man dort Schießpulver gelagert hatte, das durch die Unachtsamkeit des Wachpersonals explodierte.

Erst im 18. Jh. ließ Karl III. hier wieder einen kleinen Barockpalast errichten, den Maria Theresia später erweiterte. 1890 wurde der 304 m lange Flügel im Stil des Neobarock angefügt. Im Zweiten Weltkrieg verschanzten sich die Deutschen im Palast, beim Angriff der Roten Armee wurde er erneut zerstört. Beim Wiederaufbau rekonstruierte man die barocke Fassade und krönte sie mit einer klassizistischen Kuppel.

Nach einem Rundgang durch den Burgpalast und seine Museen › S. 67, 68 führt der Weg durch die Gassen des Burgviertels. Geht es auf den Abend zu, sollte man zur Aussichtsterrasse am Burgpalast zurück-

Den Aufstieg zum Burgberg belohnt ein fantastischer Blick über die Donau nach Pest

kehren. In der Dämmerung ist es dort besonders stimmungsvoll – die gesamte Stadt liegt einem zu Füßen. Von unten brandet leise das Rauschen der Metropole herauf; irgendwann gehen die Lichter der Kettenbrücke an, und man spürt, wie der Moloch Budapest langsam zur Ruhe kommt. Ein Moment für Romantiker und all jene, die die Stadt in ihr Herz geschlossen haben.

NATIONALGALERIE

Die Ungarische Nationalgalerie (Magyar Nemzeti Galéria) ist das wichtigste Museum im Burgpalast. Seinen Grundstock bildet die private Sammlung des Grafen Ferenc Széchényi, die er 1808 dem Staat vermachte. Danach stifteten immer mehr Adelige ihre Schätze, die ab 1906 im Museum für Bildende Kunst am Heldenplatz ausgestellt wurden. 1957 eröffnete die Ungarische Nationalgalerie im ehemaligen Obersten Gerichtshof am Kossuth Lajos tér und bezog 1975 die Empfangshallen der Könige im Burgpalast.

Auf drei Etagen wird die Entwicklung der ungarischen Malerei vom Mittelalter bis in die Gegenwart dokumentiert. Auffallend ist die melancholische Grundstimmung vieler Bilder, die von der lange währenden Unterdrückung des ungarischen Volkes erzählen. Sonderausstellungen ergänzen das Programm. Während der voraussichtlich bis 2019 dauernden Renovierung des Museums für Bildende Kunst › S. 115 sind Teile seiner Sammlung in der Nationalgalerie zu sehen (I., Szent György tér 2, Di–So 10–18, Einlass bis 17 Uhr, www.mng.hu, 1800 Ft).

Der monumentale Burgpalast dominiert die Silhouette der Donaustadt

HISTORISCHES MUSEUM

Das Museum für Stadtgeschichte (Budapesti Történeti Múzeum) im Gebäude E des Burgpalasts zeigt u. a. Ausgrabungsfunde, die bei der Rekonstruktion nach 1945 ans Tageslicht kamen. Interessant sind die Reste der mittelalterlichen Festungsanlage im Untergeschoss und die 1974 entdeckten gotischen Skulpturen, die vermutlich einst den zerstörten Burgpalast schmückten (I., Szent György tér 2, März–Okt. Di–So 10–18, Nov.–Febr. 10–16 Uhr, www.btm.hu, 2000 Ft, in der Hochsaison 2400 Ft, Audioguide 1200 Ft).

SZÉCHÉNYI-NATIONALBIBLIOTHEK

Die größte Büchersammlung Ungarns im Gebäude E des Palastes ist nicht nur für eingefleischte Büchernarren ein Erlebnis. Jedes in ungarischer Sprache erschienene Buch ist hier zu finden, weiterhin Millionen von Zeichnungen, Manuskripten und Partituren. Ein besonders kostbarer Schatz ist die Bibliotheca Corviniana, die berühmte Büchersammlung des Königs Matthias Corvinus aus dem 15. Jh. (I., Szent György tér 4–6, Di–Sa 9–20 Uhr, Zugang nur für eingeschriebene Bibliotheksnutzer, historische Sammlung im Rahmen von Führungen nach Anmeldung unter Tel. 224-3845, www.oszk.hu).

SZENT GYÖRGY TÉR 2 ▮ B6

Den Szent György tér (St.-Georgs-Platz) vor dem Burgpalast säumen drei repräsentative Gebäude. Im 1806 von Graf Vince Sándor erbauten, klassizistischen **Sándor-Palais** fanden rauschende Bälle der gräflichen Familie statt. Von 1867 bis 1945 war der Palast Residenz des Ministerpräsidenten, heute waltet hier der Staatspräsident seines Amtes. Täglich um die Mittagszeit findet ein Wachwechsel statt.

Das ehemalige **Karmeliterkloster** nebenan wurde von Farkas Kempelen ab 1786 zum Burgtheater umgebaut. 1790 fand hier die erste Aufführung in ungarischer Sprache statt. Zuletzt war die Bühne Spielstätte des Nationalen Tanztheaters. Der Komplex wird derzeit umgebaut, bis 2019 soll der Ministerpräsident hier seinen neuen Amtssitz beziehen.

In der Mitte des Szent György tér sieht man die Umrisse der St. Georgskirche, die bis zum Zweiten Weltkrieg hier stand und dem Platz seinen Namen gab. An der Westseite sind Reste der Burgmauern und zweier Adelspaläste zu sehen, die ebenfalls den Bombardierungen 1944/45 zum Opfer fielen.

STANDSEILBAHN (SIKLÓ)

Ein grüner, achteckiger Pavillon auf dem Szent György tér beherbergt die Bergstation der Standseilbahn (Sikló). Sie wurde im Jahre 1870 als zweite Dampfseilbahn der Welt in Betrieb genommen und sollte die königlichen Beamten in ihre Büros im Palast befördern. Die Bahnstrecke ist fast 100 m lang und hat eine Steigung von 48 %. Die behäbigen Wagen erreichen eine Geschwindigkeit von 10,8 km/h. Das Antriebsprinzip ist einfach: Sind die Passagiere des talwärts fahrenden Wagens schwerer als jene auf der Gegenspur, ziehen sie durch ihr Gewicht die bergwärts Fahrenden nach oben. Wenn nicht, hilft ein Elektromotor nach. Die Bahn wurde 1944 zerstört und 1986 nach den alten Plänen wieder aufgebaut.

DÍSZ TÉR 3 ▮ B6

Zentraler Platz des Burgviertels und Fortsetzung des Szent György tér ist der von Barockbauten gesäumte Dísz tér (Paradeplatz). Während hier im Mittelalter öffentliche Hinrichtungen stattfanden, kann man heute auf dem **Volkskunstmarkt** neben Kitsch auch schöne Textilien und handgefertigte Töpferwaren erstehen (Zugang durch das Tor in der gelb getünchten Mauer an der Nordostseite des Platzes).

TÁRNOK UTCA 4 ▮ B6

Der Weg führt weiter durch die Tárnok utca. Hier beginnt der geschäftigste und bei Touristen beliebteste Teil des Burgviertels. Ein Bummel gibt einen Eindruck vom Buda vergangener Zeiten. Auf der breitesten Straße des Burgviertels wurde im Mittelalter Markt abgehalten, viele Kaufleute waren hier ansässig. Jeden Mittwoch kamen die Donaufischer mit frischen Karpfen, Welsen, Stören und Zandern.

Wie man damals lebte, lässt sich am Haus Nr. 14 ablesen. Es stammt aus dem 14. Jh., die Fassade wurde im 16. Jh. ergänzt. In Haus Nr. 18 eröffnete im 18. Jh. die erste Apotheke des Burgviertels, heute ein Museum (März–Okt. Di–So 10–18, Nov.–Febr. 10–16 Uhr, www.semmelweismuseum.hu, 800 Ft).

SZENTHÁROMSÁG TÉR

Die Tárnok utca führt auf den Szentháromság tér (Dreifaltigkeitsplatz), den touristischen Mittelpunkt des Burgviertels. Er verdankt seinen Namen der gut 14 m hohen, barocken Säule in der Mitte, die nach einer verheerenden Pestepidemie im 18. Jh. gestiftet wurde.

ALTES RATHAUS 5 📖 B6

Das Gebäude an der Ecke Szentháromság utca/Tárnok utca ist das Alte Rathaus von Buda. Es wurde von 1702 bis 1710 erbaut, dafür mussten damals fünf mittelalterliche Häuser weichen. Unter dem Eckerker steht eine Statue der Göttin Pallas Athene, die das Stadtwappen in den Händen hält.

MATTHIASKIRCHE 6 2 📖 B6

Auf der anderen Seite des Dreifaltigkeitsplatzes erhebt sich die katholische Matthiaskirche (Mátyástemplom), in der Franz Joseph I. und seine Gattin Elisabeth (»Sisi«) 1867 zum König und zur Königin Ungarns gekrönt wurden. Anlässlich ihrer Thronbesteigung komponierte Franz Liszt seine »Ungarische Krönungsmesse«. Die Kirche wurde von 1255 bis 1269 im Stil des Übergangs von der Spätromanik zur Gotik für die deutschsprachigen Bürger von Buda erbaut. Im Laufe der Jahrhunderte erfuhr sie mehrere Umgestaltungen. 1470 ließ der damalige König Matthias Corvinus den gotischen Turm erbauen. Ihm zu Ehren erhielt die Kirche, die offiziell Liebfrauenkirche heißt, ihre umgangssprachliche Bezeichnung.

Während der osmanischen Besatzung nutzten die Machthaber die Matthiaskirche als Moschee. Anschließend diente sie den Jesuiten als Gotteshaus und erhielt im 17./18. Jh. eine barocke Ausstattung. Der Architekt Frigyes Schulek gestaltete sie 1874–1896 um. Dabei rekonstruierte er manches, etwa den Turm, ließ aber auch seiner Fantasie freien Lauf. Das Ergebnis ist ein eigentümliches Bauwerk, bei dem sich gotische und neogotische Elemente mit Motiven aus der asiatischen Mythologie und der ungarischen Volkskunst mischen. Schulek ließ auch das Kirchendach mit bunt glasierten Zsolnay-Ziegeln decken. › mehr S. 16 Punkt 24

Man betritt das Gotteshaus durch das Portal an der Südseite. In der **Loretokapelle** links neben dem Hauptportal befinden sich ein Marienbild aus der Werkstatt Lucas Cranachs d. Ä. und eine Madonnenfigur aus rotem Marmor, die – vom Kerzenruß geschwärzt – **Schwarze Madonna** genannt wird.

Auf der Empore der Kirche werden kostbare Stücke aus dem **Kirchenschatz** gezeigt – Goldschmiedearbeiten, Kelche, Monstranzen und Messgewänder sowie Nachbildungen der ungarischen Königskrone (das Original ist im Parlament zu bewundern) und des Reichsapfels. Täglich um 10 und 17 Uhr startet eine geführte Tour in den Turm (I., Szentháromság tér 2, Kirche und Schatzkammer Mo–Fr 9–17, Sa 9–12, So 13–17 Uhr, www.matyas-templom.hu, Kirche 1500 Ft, Turmführung 1500 Ft).

Glasierte Zsolnay-Ziegel bilden auf dem Dach der Matthiaskirche farbenprächtige Muster

FISCHERBASTEI 7 ▮ B6

Die Fischerbastei (Halászbástya) erhebt sich unmittelbar hinter der Matthiaskirche. Frigyes Schulek errichtete das populäre Gebäude von 1899 bis 1905 in stilistischer Anpassung an die kurz zuvor von ihm umgebaute Kirche. Er schuf eine 140 m lange und 8 m breite Wallkonstruktion mit Figürchen, Türmchen, Treppchen und Erkern. Dabei verwendete er auch Steine der alten Stadtmauer, die hier während der Türkenkriege von der Fischerzunft verteidigt worden war. Das gab dem kuriosen Gemäuer, von dem man einen herrlichen Blick auf die Stadt genießt, seinen Namen (I., Szentháromság tér, rund um die Uhr geöffnet, Eintritt frei, obere Terrasse Mitte März–April tgl. 9–19, Mai–Mitte Okt. 9–20 Uhr, 1000 Ft, www.fishermansbastion.com).

HOTEL HILTON UND KLOSTER

Der Weg führt nun am Hotel Hilton vorbei. In den 1974 errichteten, umstrittenen Bau integrierte man Überreste der Kirche eines Dominikanerklosters aus dem 13. und 17. Jh., die vom Hotel aus zu begehen sind. In den Sommermonaten finden hier klassische Konzerte statt.

Der Platz vor dem Hilton, der **Hess András tér,** ist nach dem Drucker Andreas Hess benannt, der im 15. Jh. für König Matthias das Chronicon Budense herstellte. Es gilt als erstes Druckwerk des Landes.

RESTAURANT
Vár Bistro 1 € ▮ B6
Preiswertes Selbstbedienungsrestaurant. Hier essen die Einheimischen, denen die anderen Lokale im Viertel zu teuer sind.
• I. | Dísz tér 8 | Tel. 30-237-0039
  Tgl. 8–20 Uhr

FORTUNA UTCA 8 📘 A5/6

In der Fortuna utca auf der Nordseite des Platzes wohnten Anfang des 15. Jhs. viele französische Arbeiter. Sie waren zum Bau des Burgpalasts und der Matthiaskirche ins Land geholt worden. Eine Passage führt in einen Innenhof mit Souvenirläden und der Buchhandlung Litea.

TOUREN DURCH BUDA

TOUR 1

DAS BURGVIERTEL

1 Burgpalast
2 Szent György tér
3 Disz tér
4 Tárnok utca
5 Altes Rathaus
6 Matthiaskirche
7 Fischerbastei
8 Fortuna utca
9 Wiener Tor
10 Maria-Magdalena-Turm
11 Museum für Heeresgeschichte
12 Úri utca
13 Labyrinth im Burgberg / Felsenkrankenhaus

TOUR 2

AUF DEM GELLÉRT-BERG

14 St. Gellért-Denkmal
15 Zitadelle
16 Freiheitsstatue
17 Felsenkirche
18 Gellért-Bad

TOUR 3

RUND UM DEN SZÉLL KÁLMÁN TÉR

19 Széll Kálmán tér
20 Markthalle Fény utca
21 Városmajor
22 Wasserstadt
23 Batthyány tér
24 Corvin tér

In den barocken Stadtpalästen der Úri utca wohnten einst Adlige und reiche Kaufleute

SHOPPING

Litea A6

Das Literatur-Café in der Fortuna-Passage bietet eine große Auswahl an Büchern und Postkarten, die man hier bei einer Tasse Kaffee gleich schreiben kann.

- I. | Hess András tér 4 | www.litea.hu Tgl. 10–18 Uhr

AM WIENER TOR 9 A5

Am einstigen Nordtor der Stadt endet die Fortuna utca. Das ursprüngliche Wiener Tor war zerstört worden, als die Osmanen Buda 1686 befreiten. Das heutige Tor errichtete man 1936 zum 250. Jahrestag dieses Ereignisses. Im Haus Bécsi kapu tér Nr. 7 war in den 1930er-Jahren einige Male Thomas Mann zu Gast. Es gehörte damals dem Baron Lajos Hatvany, Finanzaristokrat, Schriftsteller und Kunstmäzen.

In wenigen Schritten gelangt man von dort zum **Maria-Magdalena-Turm** 10 (Mária Magdolna-

torony) am Kapisztrán tér, dem Überrest einer gotischen Kirche, die mehrfach, zuletzt im Zweiten Weltkrieg zerstört wurde. 1984 erklärte man den erhalten gebliebenen Turm zum Mahnmal. Von oben bietet sich ein toller Blick über das Burgviertel und die Stadt (I., Kapisztrán tér 6, tgl. 10–18 Uhr, Jan., Febr. nur Sa, So, www.budatower.hu, 1500 Ft).

MUSEUM FÜR HEERESGESCHICHTE 11 A5

Das Museum für Heeresgeschichte (Hadtörténeti Múzeum) gegenüber, ein Bau von 1824, war ursprünglich die Ferdinand-Kaserne. Es versammelt in seinen Räumen mehr als 2000 Exponate, u. a. Dokumente zur Militärgeschichte, Orden, Flaggen, Uniformen und Waffen; Sonderausstellungen ergänzen das Programm (I., Tóth Árpád sétány 40, April–Okt. Di–So 10–18, Nov.–März 10–16 Uhr, www.militaria.hu, 1500 Ft).

Vom Tóth Árpád sétány, der Promenade an der Westmauer des Burgberges, hat man einen schönen Blick auf die Budaer Berge. Am Fuß des Hügels breitet sich ein Park aus.

ÚRI UTCA 12 A5/6

Die parallel verlaufende Úri utca ist von liebevoll restaurierten Bürgerhäusern und Stadtpalästen gesäumt. Bei Nr. 31 und 32 sind im Torweg gotische Sitznischen zu sehen. Nr. 49 beherbergt das **Telefonmuseum** mit der 1928–1985 betriebenen Telefonzentrale des Burgviertels als Herzstück. In den kommenden Jahren soll ein Ministerium das Gebäude beziehen (I., Úri u. 49, bis mind. Anfang 2019 geschl., aktuelle Infos: www.postamuzeum.hu).

LABYRINTH IM BURGBERG
13 A/B6

Der Burgberg wird von einem kilometerlangen Labyrinth durchzogen, einem verwirrenden System aus natürlichen Höhlen und von Menschenhand geschaffenen Gängen, das man früher von fast jedem Keller in Buda aus betreten konnte. Es wurde immer wieder ausgebaut, weil es außer Lagerraum auch Schutz und Fluchtmöglichkeiten bot.

In der Úri utca liegt heute einer der Eingänge. Auf dem 1200 m langen Weg in die Unterwelt werden diverse Ausstellungen gezeigt, z. B. über die schönsten Höhlen der Welt (I., Úri u. 9, tgl. 10–19 Uhr, www.labirintus.eu, 2500 Ft).

In der Lovas út wartet eine weitere unterirdische Attraktion: das im Zweiten Weltkrieg als Lazarett ein-

gerichtete **Felsenkrankenhaus,** das während des Kalten Krieges zum Atombunker ausgebaut wurde (I., Lovas út 4/C, tgl. 10–20 Uhr, www.sziklakorhaz.hu, 3600 Ft).

Danach empfiehlt sich die Einkehr ins **Café Ruszwurm** › S. 87. Die traditionsreiche Konditorei besteht bereits seit 1827.

AUF DEM GELLÉRT-BERG

ROUTE: St.-Gellért-Denkmal › Zitadelle › Freiheitsstatue › Felsenkirche › Gellért-Bad

KARTE: Seite 72
DAUER: 2 Std. zu Fuß, der Aufstieg dauert etwa 20 Min.
PRAKTISCHE HINWEISE:
• Ausgangs- und Endpunkt der Tour sind bequem zu erreichen: Von der Metrostation Ⓜ Batthyány tér aus mit den Straßenbahnlinien 19 und 41, Haltestelle Rudas Gyógyfürdő, von der Metrostation Ⓜ Szt. Gellért tér aus zurück in die entgegengesetzte Richtung mit den Linien 19, 41, 56 oder 56A bzw. der Buslinie 7.

TOUR-START: ST.-GELLÉRT-DENKMAL 14 B7

Über eine Treppe unweit der Elisabethbrücke steigt man hinauf zum St.-Gellért-Denkmal, das an den ersten ungarischen Bischof erinnert. Er kam als Missionar ins Land und erlitt 1046 den Märtyrertod. Die Magyaren stürzten ihn der Legende zufolge in einem Fass genau diesen Berg hinunter. Vom Gipfel des Géllert-Bergs hat man einen herrlichen Rundblick. Etwas unterhalb des von einer Kolonnade umfangenen Denkmals tritt eine im Berg entspringende Quelle als Wasserfall hervor.

ZITADELLE 15 ▮ B7

Die Zitadelle war den Budapestern lange verhasst. Das erst 1854 in mittelalterlicher Manier errichtete und mit Dutzenden Kanonen bestückte Bollwerk sollte den Ungarn nach der Niederschlagung ihres Freiheitskampfs 1848/49 die erstarkte Macht und Überlegenheit des österreichischen Herrscherhauses demonstrieren. Militärisch hatte das Gebäude aber von Anfang an keine Bedeutung. Auch heute steht es funktionslos da und wartet nach wechselnder Nutzung als Disco, Restaurant und öffentliche Toilette auf bessere Zeiten.

FREIHEITSSTATUE 16 ▮ C7

Die von fast jedem Punkt im Stadtzentrum aus sichtbare Freiheitsstatue wurde 1947 aufgestellt. Die Frauengestalt mit dem Palmzweig in den Händen erinnert an das Ende des Zweiten Weltkriegs. Wer sich an kommunistische Monumentalstatuen erinnert fühlt, liegt richtig: Das Denkmal wurde auf Anordnung der sowjetischen Besatzungstruppen hin errichtet. Ein Drachentöter und ein Jüngling, der

die Fackel der Freiheit trägt, zieren den Sockel. Die früher ebenfalls dort angebrachte Figur eines Rotarmisten wurde nach der Wende entfernt und in den Memento-Park gebracht. Die ursprüngliche Inschrift ersetzte man durch folgenden Text: »Im Gedenken an all jene, die ihr Leben für die Unabhängigkeit, die Freiheit und das Glück Ungarns geopfert haben.«

FELSENKIRCHE 17 ▮ C8

Am Südhang des Gellért-Berges wurde 1926 durch Erweiterung der natürlichen Eingangshöhle die Felsenkirche (Sziklatemplom) tief in den Berg gegraben. Sie befindet sich im Besitz des Paulinerordens. 1951 wurden die Mönche vertrieben und die Kirche zugemauert, erst 1989 eröffnete man sie wieder. Die Ausgestaltung im Inneren beeindruckt. Touristen haben nur außerhalb der Gottesdienstzeiten Zutritt (Messen tgl. 8.30, 17, 20 Uhr, So auch 11 Uhr, www.sziklatemplom.hu, 600 Ft).

GELLÉRT-BAD 18 ❸ ▮ C8

Das Gellért-Bad › S. 79 gegenüber der Freiheitsbrücke, ein Jugendstilbau mit orientalischen Anklängen, ist das berühmteste Budapester Bad. Es wurde 1918 zusammen mit dem mondänen Hotel eröffnet, das damals ein Treffpunkt des internationalen Jetset war. Über Wunder wirkende Quellen am Gellért-Berg gibt es bereits aus dem 15. Jh. Berichte. Die Osmanen schätzten dieses Bad besonders, da es größer war und wärmeres Wasser hatte als alle anderen damaligen Budaer Bäder.

TOUR 3

RUND UM DEN SZÉLL KÁLMÁN TÉR

ROUTE: Széll Kálmán tér › Fény utca
› Városmajor › Batthyány tér

KARTE: Seite 72
DAUER: 4 Std. zu Fuß
PRAKTISCHE HINWEISE:
• Startpunkt der Tour: Metrostation
Ⓜ Széll Kálmán tér, Endpunkt: Station Ⓜ Batthyány tér oder Straßenbahnhaltestelle Halász utca.

TOUR-START:
SZÉLL KÁLMÁN TÉR 19 📖 A5

Von der Metrostation fährt man mit der Rolltreppe hinauf zum Széll Kálmán tér. Oben angekommen,

fällt als erstes der mächtige Ziegelbau der ehemaligen **Oberpostdirektion** ins Auge, der den Platz mit seinem Turm überragt.

Die Sanierung und Umgestaltung des wichtigen Verkehrsknotenpunkts fand 2016 ihren Abschluss. Der Platz erhielt ein einheitliches Gesicht, wirkt nun sehr viel aufgeräumter: Ein neues Servicegebäude nahm die unterschiedlichen Schalter auf, die U-Bahn-Station erhielt eine gläserne Fassade. Die Freifläche wurde in Teilen begrünt und für Radfahrer passierbar gemacht.

Für die Bewohner der nördlichen und westlichen Budaer Stadtteile ist der Széll Kálmán tér so etwas wie ihre City: Hier bekommt man alles für den täglichen Bedarf. Das **Einkaufszentrum Mammut**, dessen zwei mächtige glasverkleidete Gebäudekomplexe den Széll Kálmán tér und den Széna tér dominieren, war eine der ersten

2020 soll in der ehemaligen Oberpostdirektion ein Bank- und Finanzmuseum eröffnen

WELLNESS IM WASSER

ERSTE ADRESSE FÜR KUR UND WELLNESS

Als einzige Hauptstadt der Welt ist Budapest als Kurort anerkannt. Aus 123 Thermal- und 400 Mineralquellen sprudeln Tag für Tag mehr als 70 Mio. Liter Wasser. Um die Quellen hat sich ein ganzer Tourismuszweig entwickelt. Neben den alten Bädern verwöhnen heute auch große Hotels mit luxuriösen Spa- und Wellnesseinrichtungen Bädernostalgiker wie anspruchsvollste Gäste.

ORIENTALISCHE TEMPEL DER WASSERLUST

Öffentliche Bäder, Hammams, spielten in der islamischen Welt schon immer einer wichtige Rolle. Nachdem die Osmanen Budapest erobert hatten, etablierten sie auch hier ihre Badekultur. Von 1541 bis 1686 wurden unter ihrem Einfluss schlichte Bäder in Tempel ausgefeilter Baderituale verwandelt.

Das **Rudas-Bad** wurde 1550 erbaut und später mehrfach verändert. 1883 kam ein Dampfbad hinzu, 1986 ein Hallenschwimmbad. Unverändert erhalten blieb das original türkische Dampfbad, das mit seinem achteckigen Becken und der säulengestützten Kuppel ein einmaliges Badeerlebnis bietet. Es gibt getrennte und gemeinsame Badetage für Männer und Frauen. Begeistert angenommen wird das nächtliche Badeangebot. Der moderne Wellnessbereich im südlichen Teil des Gebäudes bietet eine spektakuläre Aussicht aus dem Panorama-Warmwasserbecken auf der Dachterrasse. Das Restaurant im Bad (auch von außen zugänglich) bereitet die Speisen mit Thermalwasser zu. › mehr S. 12 Punkt ❷

- **Rudas-Bad** 📙 C7
  I. | Döbrentei tér 9 | Buda
  Türkisches Bad tgl. 6–20, Wellnessbereich 8–22, Schwimmbad 6–22 Uhr; im türkischen Bad Di Frauen-, Mo, Mi, Do, Fr Männerbadetage, Sa, So gemischte Badetage, Nachtbaden Fr, Sa 22–4 Uhr
  www.rudasfurdo.hu
  Türkisches Bad 3500 Ft, Wellnessbereich und Schwimmbad 4200 Ft, zusammen 5000 Ft, Sa, So 4000, 4700 bzw. 6200 Ft, Nachtbaden 5100 Ft

BADEN IM PRUNK DES HISTORISMUS UND JUGENDSTILS

Das neoklassizistische **Lukács-Bad** nahe dem Budaer Brückenkopf der Margaretenbrücke stammt aus dem Jahr 1842. Es ist das älteste nach der türkischen Besatzung erbaute Bad. Neben den Thermalbecken gibt es drei Außenbecken, der dem Bad angeschlossene Kurpark mit altem Baumbestand ist eine Oase der Ruhe und Erholung.

Das **Széchenyi-Bad** › S. 117 thront wie ein Barockschloss inmitten des Stadtwäldchens. Durch den Haupteingang gelangt man in einen großen Innenhof, dessen Mauern im Sommer Weinblätter umranken. In der Mitte sind drei Freiluftbecken

Das reiche Jugendstil-Dekor verleiht dem Gellért-Bad sein besonderes Ambiente

angeordnet, in denen man sich auch im Winter bei Schnee und Eis im warmen Wasser aalen kann. Im Inneren überwölben stuckverzierte Decken zwölf kleinere, unterschiedlich temperierte Thermalbecken.
> mehr S. 17 Punkt **34**

Eine Augenweide ist der Jugendstilbau des **Gellért-Bads** mit seiner prunkvollen Innenausstattung nach seiner aufwändigen Restaurierung. Hallen mit Säulen von rotem Marmor und Mosaikfußböden, die das Licht, das die gewölbten Glasdächer durchlassen, magisch zurückwerfen. Im Außenbereich gibt es ein Wellenbecken und ein Sprudelbad.

- **Lukács-Bad** B4
  II. | Frankel Leó u. 25–29 | Buda
  Tgl. 6–22, Sauna Mo 14–21, Di–So 9–21 Uhr
  www.lukacsfurdo.hu
  Mo–Fr 4100 Ft, Sa, So 4300 Ft, Sauna zusätzlich 600 bzw. 800 Ft

- **Gellért-Bad** C8
  XI. | Kelenhegyi út 2–6 | Buda
  Tgl. 6–20 Uhr | www.gellertfurdo.hu
  Mo–Fr 6000 Ft, Sa, So 6200 Ft

- **Széchenyi-Bad** E4
  XIV. | Állatkerti krt. 11 | Pest
  Schwimmbad tgl. 6–22 Uhr, Thermal- und Dampfbad bis 19 Uhr
  www.szechenyifurdo.hu
  Mo–Fr 5700 Ft, Sa, So 5900 Ft

SPARTYS – PARTY IN BIKINI UND BADE-SHORTS

Cooles Planschen zu heißer DJ-Musik, Cocktails und Lasershows vom späten Abend bis in den frühen Morgen – so lautet das Erfolgsrezept der Budapester Sparty-Nächte.

An fast jedem Samstag wird das Széchenyi-Bad zum Schauplatz der legendären Thermalpartys. Termine und Online-Vorverkauf unter www. spartybooking.com.

Shopping Malls in Budapest. Die Mammut-Palette bietet Einkaufsmöglichkeiten jeglicher Art, zahlreiche Restaurants und Cafés und ein breit gefächertes Angebot an Freizeitsport und Kinos (Geschäfte Mo–Sa 10–21, So 10–18 Uhr, www.mammut.hu).

An Straßenständen am Széll Kálmán tér, aber auch andernorts in Budapest fallen in den Sommermonaten in Tracht gekleidete Bäuerinnen auf, die handgearbeitete Textilien und geschnitzte Holzwaren aus Siebenbürgen verkaufen. Manchmal sind wunderschöne alte Stickereien darunter.

MARKTHALLE IN DER FÉNY UTCA 20 🏛 A5

Zwar kann das **Marktgebäude in der Fény utca** der Zentralen Markthalle architektonisch nicht das Wasser reichen, dennoch macht es Spaß, an den Ständen vorbeizuschlendern und herrlich frische Früchte oder sonnengereifte Tomaten zu kaufen. Wie wäre es mit einem Mitbringsel für zu Hause? Ungarn ist bekannt für seinen guten Akazien-, Raps- und Sonnenblumenhonig. Darüber hinaus bekommt man hier Raritäten wie Kastanien- oder Seidenpflanzenhonig, mit fein-fruchtigem Aroma.

Auch süßes oder scharfes Paprikapulver in Leinensäckchen oder in Dosen aus Holz und Keramik erfreut kulinarisch ambitionierte Freunde, ganz zu schweigen vom reichhaltigen Wurstangebot (I., Lövőház utca 12/Ecke Fény utca, Mo–Fr 6–18, Sa 6–14 Uhr).

Gegenüber verkauft die bereits seit 1870 bestehende **Konditorei Auguszt** feine Süßwaren und vorzügliches Marzipan (I., Fény utca 8, Di–Fr 10–18, Sa 9–18 Uhr, www.augusztcukraszda.hu). › mehr S. 13 Punkt ❾ und S. 15 Punkt ㉑

VÁROSMAJOR 21 🏛 A5

Auf der Nordwestseite des Széll Kálmán tér beginnt der Városmajor-Park, eine Oase der Ruhe im Großstadttrubel. Die ehemalige Heuwiese, ein Areal von etwa 10 ha mit Spielflächen und Tennisplätzen, gestaltete man Ende des 18. Jhs. zu einem Park im englischen Stil um. Eindrucksvoll ist der alte Baumbestand der Grünanlage.

Auf der **Freilichtbühne** im Ostteil des Parks finden Veranstaltungen des Sommerfestivals statt. Die **Talstation der Zahnradbahn** auf den Széchenyi-hegy mit wunderschöner Aussicht liegt im Westen des Parks.

Unbedingt lohnend ist ein Blick ins Innere der kargen, vom Bauhausstil geprägten **Herz-Jesu-Kirche** (1933) am Eingang des Parks. Die Glasmalereien von Lili Sztehlo und die Deckengemälde von Vilmos Aba-Novák sind monumental und ungemein ausdrucksstark (I., Csaba u. 5, Mo–Sa 6.30–9, So 7–12.15, Mo–Do 17.15–19, Fr 17.15–20, Sa 16.30–19.15, So 17–20.30 Uhr).

WASSERSTADT 22 🏛 A/B5

Wendet man sich wieder Richtung Donauufer und schlendert die Csalogány utca entlang, gelangt man in die Wasserstadt (Víziváros), die sich auf einer schmalen Terrasse zwischen der Budaer Burg und dem Fluss erstreckt. Straßennamen, die in deutscher Übersetzung Fischer- oder Karpfenstraße lauten, erinnern an die Zunft der Donaufischer, die bis ins 19. Jh. hier arbeiteten.

BATTHYÁNY TÉR 23 ▮ B5

Am Batthyány tér, dem Hauptplatz von Víziváros, erhebt sich die doppeltürmige **St. Anna-Kirche,** eine der schönsten Barockkirchen des Landes; Hochaltar und Kanzel schuf Károly Bebó im Jahr 1773. Barocke Fassaden zeigen auch das **Hikisch-Haus** (Nr. 3) und das ehemalige **Gasthaus Weißes Kreuz** (Nr. 4).

Genauere Betrachtung verdient der Fassadenschmuck der 1902 erbauten, heute als Ladenzentrum betriebenen **Markthalle** an der Westseite des Platzes. Gegenüber dem **Französischen Kulturinstitut** lädt Pavillon de Paris €€€ im Sommer in den bezaubernden Garten ein, wo man im Schatten alter Bäu-

me französische Spitzenküche genießt (I., Fő u. 20, Tel. 20-509-3430, www.pavillondeparis.hu, So geschl.).

RESTAURANT

Angelika Kávéház ❷ € ▮ B5

Auf der großen Außenterrasse kann man unter Sonnenschirmen verschnaufen und bei einer Tasse Kaffee und einem Stück Kuchen den Blick über die Donau zum Parlament schweifen lassen.

• I. | Batthyányi tér 7
Tel. 225-1653 | www.angelikacafe.hu
Tgl. 9–23 Uhr

CORVIN TÉR 24 ▮ B5

Am Ende des Spaziergangs lädt der hübsche kleine Corvin tér zu einer Rast ein, entweder auf einer der Bänke in der Grünanlage oder im **Corvin Kávézó,** dem kleinen Parkcafé (tgl. 9–21 Uhr, www.corvincafe. hu). › mehr S. 16 Punkt ㉗ An der Nordseite des Platzes beherbergt die Budaer Redoute das **Haus der Traditionen** › S. 59.

Bemalte Ostereier werden auf Budapests Märkten häufig als Souvenir angeboten

PESTER INNENSTADT & LEOPOLDSTADT

Kurz bevor der Eiserne Vorhang fiel,
war die Kettenbrücke Schauplatz
vieler Demonstrationen

Dieser Rundgang führt durch das geschäftige Zentrum der Stadt, dann an der Donau entlang zum verkehrsreichen Kálvin tér mit bedeutenden Museen ganz in der Nähe, und schließlich geht es ins Parlamentsviertel.

Zwischen Ketten- und Freiheitsbrücke, umschlossen vom Kleinen Ring (Kiskörút), der dem Verlauf der ehemaligen Stadtmauer folgt, liegt die Pester Innenstadt. Hier entstand die erste Siedlung auf der östlichen ebenen Donauseite. Als Gegenpol zur Budaer Burg als herrschaftlichem Machtzentrum entwickelte sich Pest zur agilen Handelsmetropole. Großstadttrubel pur, protzige Jahrhundertwendepaläste, gelegentlich unterbrochen von sozialistischen Betonbauten, modernen Geschäftshäusern und attraktiven Shoppingpassagen, kennzeichnen die Atmosphäre.

Wichtige Stationen in der City sind der Vörösmarty tér, der zentrale Platz mit dem berühmtesten Kaffeehaus der Stadt, der Donaukorso, die Flaniermeile für die Reichen und Schönen, und die Váci utca, die Haupteinkaufsstraße Budapests, wo sich mehr Touristen drängeln als Einheimische.

In der Zentralen Markthalle am Fővám tér werden feinste Spezialitäten aus dem ganzen Land täglich frisch angeboten.

In der Nähe befindet sich der Kálvin tér mit der größten evangelisch-reformierten Kirche Budapests, gleich daneben die Ráday utca mit angesagten Szenekneipen. Hier lohnt es sich auch, zwei der wichtigsten Museen der Stadt zu erkunden: das National- und das Kunstgewerbemuseum.

Nördlich der Kettenbrücke schließt sich die Leopoldstadt an, Budapests Banken- und Regierungsviertel, von dem aus die Geschicke Ungarns gelenkt werden. Hier steht am Donauufer auch das Parlamentsgebäude, in dessen beeindruckendem Kuppelsaal die ungarische Königskrone und die Reichsinsignien zu sehen sind.

Auf der Váci utca finden sich Läden für jeden Geschmack und jedes Budget

TOUREN DURCH PEST

TOUR
4

BUMMEL DURCHS ZENTRUM

VERLAUF: Vörösmarty tér › Redoute › Donaukorso › Elisabethbrücke › Petőfi tér › Váci utca › Franziskanerkirche › Freiheitsbrücke › Zentrale Markthalle

KARTE: Seite 88
DAUER: 2–3 Std. zu Fuß
PRAKTISCHE HINWEISE:
- Vom Ausgangs- und Endpunkt sind die Metrostationen Ⓜ **Vörösmarty tér** bzw. Ⓜ **Kálvin tér** schnell zu erreichen.
- Als Shoppingtour beginnt man den Bummel am besten an Werktagen ab 10 Uhr, wenn alle Geschäfte geöffnet sind.

TOUR-START:
VÖRÖSMARTY TÉR **1** ▮ C6
Den Spaziergang durch die City beginnt man am besten am Vörösmarty tér, dem großen Platz an der Endstation der Metrolinie 1, die von hier bis zum Heldenplatz fährt. Ob vielköpfige Reisegruppen oder vereinzelte Rucksacktouristen – alle sitzen sie hier, entweder auf dem Pflaster oder auf den Stühlen der zahlreichen Straßencafés. Das berühmteste unter ihnen ist das Kaffeehaus **Gerbeaud** › S. 85. Am Beginn der Váci utca warten Maler darauf, willige Urlauber zu porträtieren. In der Adventszeit verwandelt der Vörösmarty tér sich in einen stimmungsvollen Weihnachtsmarkt. Benannt wurde der Platz nach Mihály Vörösmarty (1800–1855), dem bedeutendsten Dichter der ungarischen Romantik. In der Platzmitte zeigt ihn ein Denkmal auf einem Sessel sitzend › **Abb. S. 9**, Vertreter des ungarischen Volkes zu seinen Füßen.

PESTER REDOUTE **2** ▮ C6
Der Weg führt die Vigadó utca hinab in Richtung Donauufer zum Vigadó tér mit der Pester Redoute (Pesti Vigadó). Das Prunkgebäude mit seiner reich verzierten Fassade wurde von 1858 bis 1865 vom Architekten Frigyes Feszl als Konzert- und Ballsaal errichtet. Bei der Eröffnung des Konzertsaales wirkten 1865 auch Franz Liszt und Johannes Brahms mit. Nach zehnjähriger Renovierung wurde die Redoute 2014 als Kulturzentrum mit Konzertsaal und Ausstellungsräumen neu eröffnet. Die imposante Eingangshalle lohnt einen Blick, die Wechselausstellungen hingegen sind eher bieder (V., Vigadó tér 2, tgl. 10–19 Uhr, www.vigado.hu, 2500 Ft).

Links vom Haupteingang erinnert eine kreisrunde Gedenktafel in deutscher Sprache an ein Konzert, das Franz Liszt und Richard Wagner 1875 hier gemeinsam gaben.

ZWISCHENSTOPP: RESTAURANT

Spoon Café & Lounge ❶ €€€ C6

Das ganzjährig geöffnete elegante Schiffs-
restaurant vor der grandiosen Kulisse von
Burg und Kettenbrücke garantiert einen
romantischen Abend mit gekonnt zuberei-
teten ungarischen und internationalen
Gerichten. Es gibt auch ein Café und eine
Bar, in der man den schönen Blick bei
einem Glas Wein oder einem Cocktail
genießen kann.

• V. | Vigadó tér | Anleger 3
  Tel. 411-0933
  www.spooncafe.hu
  Tgl. 12–24 Uhr

Kaffeehaus mit Tradition – das Gerbeaud

🗨 CAFÉ GERBEAUD ⭐ 4 C6

Im Jahre 1858 gründete der Konditor Henrik Kugler am heutigen Vörösmarty
tér ein Kaffeehaus. Das war zum damaligen Zeitpunkt mutig, denn als füh-
rendes Haus der Stadt galt seit 1827 das Ruszwurm auf dem Burgberg
> S. 87. Doch Kugler machte sich durch Qualität bald einen Namen. > **mehr**
S. 18 Punkt ❹⓿ 26 Jahre später verkaufte er den Betrieb an den Schweizer
Emile Gerbeaud, der das Café vollständig umgestaltete – mit Korbstühlen,
Stuck, Lüstern, Brokattapeten und schweren Samtvorhängen als Raumteiler.

Trotz dieses luxuriösen Interieurs senkte Gerbeaud die Preise, um auch
dem einfachen Volk die Möglichkeit zu geben, bei ihm einzukehren. Sein Kaffeehaus galt bei hoher Qualität als weniger elitär als das berühmte Café New
York am Großen Ring. Das Haus überstand beide Weltkriege fast unversehrt,
wurde aber verstaatlicht und in »Vörösmarty« umbenannt. Die zuvor günstigen Preise stiegen stetig und waren bald fast nur noch für Westtouristen er-
schwinglich. Seit 1984 heißt das Café wieder »Gerbeaud« und ist schon allein
wegen seiner Einrichtung einen Besuch wert.

Nach wie vor werden die süßen Köstlichkeiten in den dreigeschossigen Ka-
takomben unter dem Café mit teils museumsreifen Maschinen nach alten Re-
zepten hergestellt. Die Preise allerdings sind längst nicht mehr so sozial, wie
Firmengründer Emile Gerbeaud es einst angestrebt hatte. Heute handelt es
sich beim Gros der Besucher um Touristen, die an das in Rom, Paris oder
London herrschende Preisniveau gewöhnt sind.

Neben der Konditorei haben sich im Gerbeaud-Haus am Vörösmarty tér inzwischen zwei weitere Gastronomiebetriebe etabliert: das Nobelrestaurant
»Onyx« > S. 37 und ein zünftiger Brauhauskeller.

K. U. K. – KAFFEE UND KUCHEN

Mit etwa 600 Kaffeehäusern erlebte die ungarische Hauptstadt um 1900 einen Höhepunkt der Kaffeehauskultur. Im Kaffeehaus konnte man stundenlang bei einer Tasse Kaffee und einem Glas Wasser sitzen. An Bambusgestellen hingen Zeitungen und Zeitschriften aus. Man konnte sogar Briefe verschicken. Papier, Federhalter und Tinte wurden zur Verfügung gestellt.

Auch heute noch ist die Kaffeekultur ein unverzichtbarer Bestandteil des Budapester Alltags. Ob en passant an einem Stehtisch auf dem Markt genossen, mit viel Muße in einem der gediegenen Kaffeehäuser der Jahrhundertwende oder in einem modernen Café mit exotischen Espresso- und Latte-Spezialitäten – das schwarze aromatische Gebräu erfreut sich ungebrochener Beliebtheit.

KLASSISCHE CAFÉS

Im stilvollen Ambiente des **Café Gerbeaud** hat man am Vörösmarty tér die Gelegenheit, dem Großstadtgetümmel für eine Weile zu entfliehen und bei verführerischen Törtchen die Atmosphäre der Zeit um 1900 zu genießen. Wer Süßes mag, sollte der Konditorei seine Hochachtung erweisen – speziell der köstlichen Gerbeaud-Schnitte.

Im legendären **Café New York** trafen sich einst Dichter und Denker. Heute gehört es einer italieni-

Budapests Kaffeehäuser sind schon wegen ihrer nostalgischen Ausstattung sehenswert schen Luxushotel-Kette und wurde mehrfach zum schönsten Café der Welt gekürt.

Das **Café Ruszwurm** im Burgviertel schrieb ein Kapitel Konditoreigeschichte.

- **Café Gerbeaud** 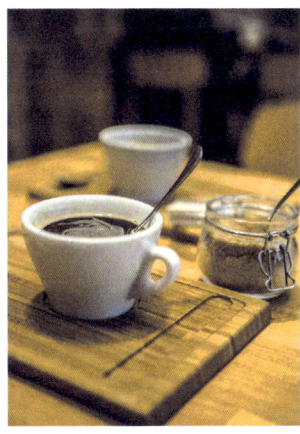 C6
  V. | Vörösmarty tér 7 | Pest
  www.gerbeaud.hu
  Tgl. 9–21 Uhr
- **Café New York** D6
  VII. | Erzsébet krt. 9–11 | Pest
  www.newyorkcafe.hu
  Tgl. 8–24 Uhr
- **Café Ruszwurm** B6
  I. | Szentháromság u. 7 | Buda
  www.ruszwurm.hu
  Tgl. 10–19 Uhr

LEKTÜRE UND LIVEMUSIK

Weniger bekannt als die Klassiker, aber ebenfalls mit Stil und Charakter laden einige Cafés zu Musik und Lektüre ein. Im **Café Jedermann** im Haus des Goethe-Instituts liegen auch deutsche Tageszeitungen aus.

- **Café Jedermann** D8
  IX. | Ráday u. 58 | Pest
  www.jedermann.hu
  Tgl. 8–1 Uhr, abends regelmäßig
  Jazz-Sessions
- **Café Komédiás** C6
  Abends ab 19 Uhr Barmusik, Cocktails bei dezenten Klavier- und Saxofonklängen.
  VI. | Nagymező u. 26 | Pest
  www.komediaskavehaz.hu
  Mo–Fr 10–24, Sa, So 13–24 Uhr

KAFFEE IN HISTORISCHEM AMBIENTE

Nicht ohne Grund wurde die stilvolle Renovierung des Eckgebäudes mit dem **Café Centrál** durch Verleihung

Die tägliche Kaffeepause wird in Budapest genussvoll zelebriert

des Budapester Architekturpreises besonders gewürdigt.

Das **Első Pesti Rétesház** (Erstes Pester Strudelhaus) in einem denkmalgeschützten Gebäude von 1812 hat sich der hohen Kunst dieses luftig-leichten, köstlich gefüllten Gebäcks verschrieben.

Im **Café Művész** blieb die Biedermeier-Einrichtung unverändert erhalten. Verspiegelte Bar und beeindruckendes Tortenangebot auf sich drehenden gläsernen Etageren.

- **Café Centrál** C7
  V. | Károlyi u. 9 | Pest
  www.centralkavehaz.hu
  Tgl. 8–24 Uhr
- **Első Pesti Rétesház** C6
  V. | Október 6. u. 22 | Pest
  www.reteshaz.com
  Tgl. 9–23 Uhr
- **Café Művész** D6
  VI. | Andrássy út 29 | Pest
  www.muveszkavehaz.hu
  Mo–Sa 8–21, So 9–21 Uhr

DONAUKORSO 3 ⭐ 📖 C6/7

Vom Vigadó tér, wo sich auch der Anleger für die Ausflugsschiffe befindet, führt die Flaniermeile auf dem Belgrád rakpart den Fluss entlang, gesäumt von exklusiven Restaurants und Cafés. Von den bei schönem Wetter im Freien aufge-

stellten Tischen genießt man einen unvergesslichen Blick auf das gegenüberliegende Buda mit dem Burgpalast, der Matthiaskirche und der Fischerbastei. Angelegt wurde der Korso Ende des 19. Jhs. anlässlich der Jubiläumsfeierlichkeiten zur 1000-jährigen Landnahme der Un-

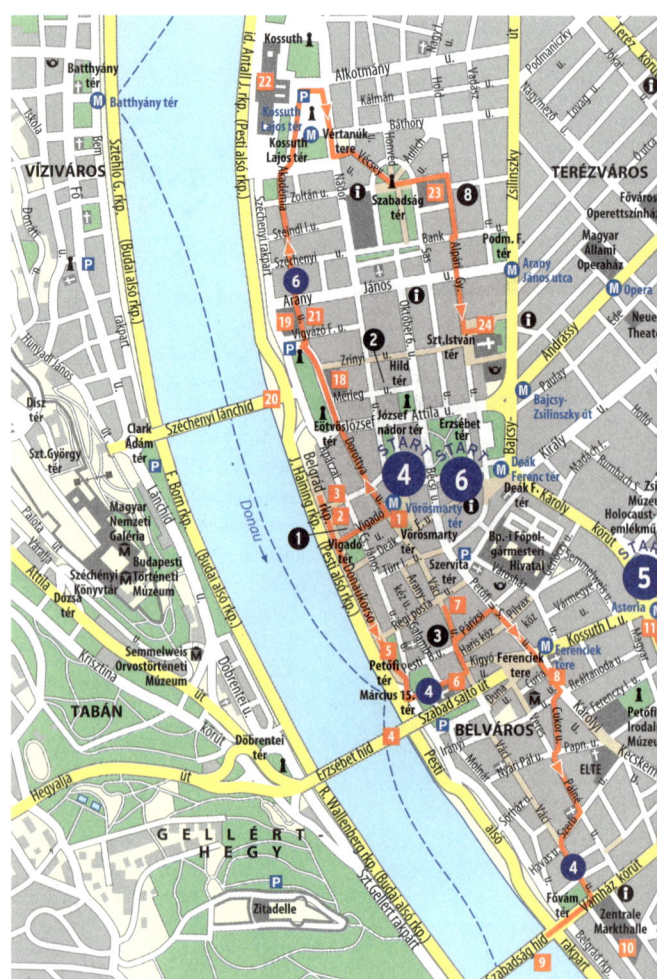

garn. Es war die große Zeit des Korsos, damals entstanden auch die Luxushotels Carlton, Bristol und Ritz. Die Bauten am Donau-Ufer fielen dem Zweiten Weltkrieg zum Opfer. Ende der 1960er-Jahre begann man mit der Restaurierung des Prachtboulevards. Als erstes Hotel entstand das Duna Intercontinental, das heutige **Marriott**. 1981 folgte das Forum, das heutige **Intercontinental**, und ein Jahr später das eindrucksvolle Atrium Hyatt mit seinen begrünten Galerien, heute das **Sofitel Budapest Chain Bridge**.

TOUREN DURCH DIE PESTER INNENSTADT

TOUR 4

BUMMEL DURCHS ZENTRUM

1 Vörösmarty tér
2 Pester Redoute
3 Donaukorso
4 Elisabethbrücke
5 Petőfi tér
6 Innerstädtische Pfarrkirche
7 Váci utca
8 Franziskanerkirche
9 Freiheitsbrücke
10 Zentrale Markthalle

TOUR 5

RUND UM DEN KÁLVIN TÉR

11 Hotel Astoria
12 Nationalmuseum
13 Ehemaliges Gebäude des Ungarischen Rundfunks
14 Kálvin tér
15 Ev.-Reformierte Kirche
16 Ráday utca
17 Kunstgewerbemuseum

TOUR 6

IM PARLAMENTSVIERTEL

18 Palais Gresham
19 Akademie der Wissenschaften
20 Kettenbrücke
21 Tänzer-Haus
22 Parlament
23 Postsparkasse
24 St.-Stephans-Basilika

Tigris Restaurant und Weinbar
 €€ ▮ C6

Das angenehme Lokal in einer Seitengasse des Széchenyi István tér verwöhnt seine Gäste mit modern interpretierten ungarischen Speisen, dazu gibt es hervorragende Weine. Empfehlenswert sind die Gerichte vom Mangalitza-Wollschwein.

* V. | Mérleg u. 10
  Tel. 317-3715 | www.tigrisetterem.hu
  Mo–Sa 12–24 Uhr

ELISABETHBRÜCKE 4 ▮ C7

Nun folgt ein Bummel zurück, vorbei am Vigadó tér und entlang der Donau. Von hier fällt der Blick auf die Elisabethbrücke, benannt nach Kaiserin »Sisi«, der von den Ungarn verehrten Gattin Kaiser Franz Josephs I. Bei ihrer Eröffnung 1903 mit 380 m die längste Hängebrücke der Welt, wurde sie 1945 zerstört. Im Gegensatz zu den anderen Budapester Brücken hat man sie nicht wiederaufgebaut, sondern in den Jahren 1961–1964 im zeitgenössischen Stil neu errichtet.

RUND UM DEN PETŐFI TÉR

5 ▮ C7

Auf dem Petőfi tér errichtete man 1882 ein **Denkmal** für den Dichter und Volkshelden **Sándor Petőfi,** einen der Wortführer der Märzrevolution des Jahres 1848. Es zeigt ihn, wie er erstmals den gebannt lauschenden Zuhörern sein »Nationallied« vorträgt. Einen Besuch wert ist auch die **Orthodoxe Kirche** (1791–1794) an der Ostseite des Platzes. In Pest lebende Griechen gaben die Errichtung dieses Gottes-

hauses 1791 in Auftrag. Eine Besichtigung ist jeweils vor und nach den Gottesdiensten möglich.

PALAIS PÉTERFFY

Das einzige erhaltene barocke Wohnhaus in Pest ist um die Ecke in der Piarista utca 2 zu sehen. Es wurde 1755 von einem Salzburger Architekten gebaut. Interessant ist, wie tief der Eingang des Hauses unter dem Niveau der Straße liegt. So verliefen die Straßen in Pest noch während des 18. Jhs. An der Fassade zeigt eine Tafel den Wasserstand der Donau während des verheerenden Hochwassers 1838 an.

Százéves 2 €€ ▮ C7

Im Erdgeschoss des Palais Péterffy verköstigt die Pester Traditionsgaststätte Százéves (»das Hundertjährige«) seit 1831 hungrige Gäste.

* V. | Piarista u. 2 | Tel. 230-0329
  www.100evesetterem.hu
  Tgl. 12–24 Uhr

INNERSTÄDTISCHE PFARRKIRCHE 6 ▮ C7

Am Március 15. tér steht das älteste Gebäude von Pest. Die Pfarrkirche wurde 1725–1739 im Barockstil unter Verwendung eines gotischen Vorgängerbaus erbaut, der wiederum Mauerreste der römischen Festung Contra Aquincum einbezog. Während der osmanischen Besatzung diente sie als Moschee, rechts vom Hochaltar ist noch die Gebetsnische zu erkennen (V., Március 15. tér 2, Mo–Sa 9–18, So 9–22 Uhr, www.belvarosiplebania.hu, 1000 Ft).

In der Innerstädtischen Pfarrkirche dirigierte Franz Liszt viele seiner Werke

VÁCI UTCA 7 ⭐5 ▌C6/7

Die Váci utca war bereits im 19. Jh. eine wichtige Einkaufsstraße und zählte vor dem Ersten Weltkrieg zu Europas berühmtesten Boulevards. Die parallel zur Donau verlaufende Flaniermeile beginnt am Vörösmarty tér und ist als Fußgängerzone ausgewiesen. Heute reihen sich hier vor allem Kettengeschäfte aneinander, flankiert von Cafés und Touristen-Restaurants. In den Seitengassen und Hinterhöfen lassen sich aber noch nette Läden entdecken.

Beim Bummel fällt der Blick immer wieder auf interessante architektonische Details. Haus Nr. 11 mit den zierlichen Türmchen und filigranen Ornamenten wurde vom Jugendstilpapst Ödön Lechner erbaut. Ein Jugendstiljuwel ist auch das Haus Nr. 13 gleich nebenan.

SHOPPING

Katalin Hampel ▌C7

Den Salon der Modedesignerin Katalin Hampel findet man im Hof des Hauses Nr. 8. Sie kreiert zauberhafte Abendkleider mit Anklängen an ungarische Trachten und k. u. k. Uniformen.

- V. | Váci utca 8 | Tel. 318-9741
  www.hampelkati.com

Valéria Fazekas ▌C7

Farbenfrohe und witzige Hutkreationen, die mit wenigen Handgriffen verändert werden können. Bei ihren Entwürfen experimentiert die Modistin mit unterschiedlichen Materialien und Texturen.

- V. | Váci u. 50 | Tel. 337-5320
  www.valeriafazekas.com

Zur »Fashion Street« internationaler Labels avancierte die **Deák Ferenc utca** zwischen Vörösmarty und Deák tér.

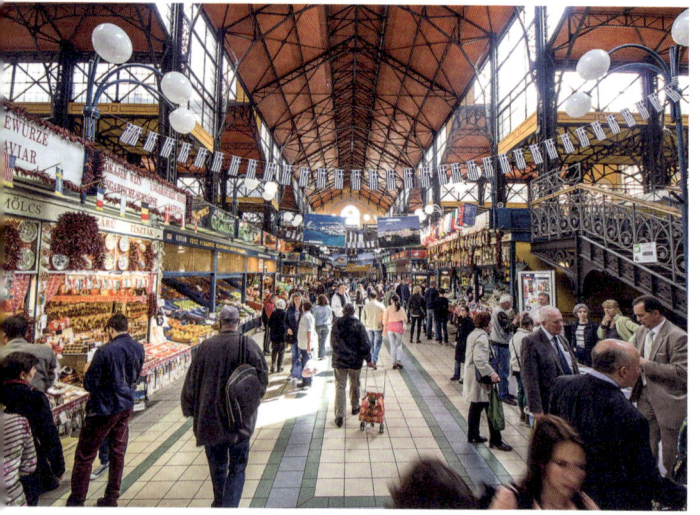
Die Zentrale Markthalle wurde bei ihrer Eröffnung als »Symphonie aus Eisen« bezeichnet

THEMATISCHE STADTFÜHRUNGEN

Budapest Underguide
Sie interessieren sich für Budapester Design, suchen nach originellen Souvenirs oder möchten ungarische Spezialitäten probieren? Zu diesen Themen bietet Budapest Underguide maßgeschneiderte Touren an.
• Tel. 30-908-1597 | www.underguide.com

KLOTHILDENPALAIS

In Richtung Ferenciek tere gehend fällt der Blick rechts auf zwei spiegelbildlich gebaute große Gebäude beiderseits der Szabad Sajtó út. Die beiden Klothildenpalais entstanden 1902 als luxuriöse Mietshäuser. Erstmals wurde hier in einem ungarischen Gebäude ein Fahrstuhl eingebaut. Für den Entwurf zeichneten die Architekten Kálmán Giergl und Flóris Korb verantwortlich, Auftraggeberin war Österreichs Erzherzogin Klothilde Maria Amalie.

Heute befindet sich in dem nördlichen der beiden Gebäude das Boutiquehotel Buddha Bar mit asiatischem Fusion-Restaurant und Cocktailbar (V., Váci u. 34, www.buddhabarhotelbudapest.com), das südliche wird ebenfalls zu einem Hotel umgebaut.

SHOPPING

Ernst Galéria ▮ C7
Traditionsreiche Kunstgalerie, die auch schöne Kleinigkeiten und historische Kinoplakate verkauft.
• V. | Irányi u. 27 | Pest
  www.ernstgaleria.hu

FRANZISKANER-KIRCHE 8 ▮ C7

Die Kirche wurde von 1727 bis 1743 als barocke Hallenkirche erbaut, an der Stelle eine Klosters aus dem 13. Jh., das die Osmanen 1541 in eine Moschee umgewandelt hatten. Eine Marke an der Kirchenmauer zeigt, wie hoch das Wasser bei der Flutkatastrophe 1838 stand. An der Seitenfassade erinnert das Bronzerelief »Schiffer in der Flut« von Barnabás Holló an Miklós Wesselényi, der damals vielen Menschen das Leben rettete. Die Deckengemälde im Inneren schuf Karoly Lotz 1894/95 (V., Ferenciek tere 9, Mo–Sa 6–20, So 6–12, 16–21 Uhr).

FREIHEITSBRÜCKE **9** ▌ C8

Die Freiheitsbrücke (Szabadság híd) am Fővám tér wurde anlässlich der Millenniumsfeiern am 4. Oktober 1896 eröffnet: Der österreichische Kaiser und ungarische König Franz Joseph setzte höchstpersönlich einen Dampfhammer in Bewegung, um die letzte Niete in die Stahlkonstruktion einzuschlagen – sie bestand aus Silber und war mit den Initialen F. J. versehen. Rechts und links der Straße stehen zwei Zollhäuschen, im linken ist »Franz Joseph«, der ursprüngliche Name der Brücke, eingemeißelt.

ZENTRALE MARKTHALLE
10 **6** ▌ C8

Der imposante Bau aus Stahl und Glas gegenüber dem Fővám tér wurde Ende des 19. Jhs. erbaut; damals war es eine der modernsten Markthallen Europas. Die Händler konnten ihre Ware auf einem unterirdischen Kanal von der Donau direkt in die Halle transportieren lassen.

1993/94 wurde die Halle originalgetreu renoviert, zur Wiedereröffnung fand sich sogar die engli-

sche Queen ein. Es macht Spaß, zwischen den Ständen zu bummeln und die Berge von frischem Obst und Gemüse zu bewundern. Im Kellergeschoss wird Fisch und eingelegtes Gemüse verkauft. Unbedingt einen Besuch wert ist die **Marktgalerie** im 1. Stock. Hier gibt es neben einigem Kitsch auch handgefertigte Souvenirs, und hier genehmigen sich Einheimische wie Touristen zu *lángos* oder *kolbász* ein Bierchen oder Höherprozentiges. Mit Marktprodukten kocht Fakanál › S. 36 (IX., Vámház krt. 1–3, Mo 6–17, Di–Fr 6–18, Sa 6–15 Uhr). › mehr S. 17 Punkt **32**

UM DEN KÁLVIN TÉR

VERLAUF: Hotel Astoria › Nationalmuseum › Kálvin tér › Ráday utca › Kunstgewerbemuseum

KARTE: Seite 88
DAUER: 3 Std. zu Fuß
PRAKTISCHE HINWEISE:
• Start- und Endpunkt: Ⓜ **Astoria** bzw. Ⓜ **Corvin-negyed**

TOUR-START:
HOTEL ASTORIA **11** ▌ D7

Das legendäre Hotel Astoria › S. 30, von dem die Metrostation ihren Namen erhielt, ist eines der ältesten Hotels der Stadt und war Kulisse vieler Filmproduktionen. Hier beginnt der **Múzeum körút,** Teil des Kleinen Rings. Die rechte Straßenseite begleiten die typischen Wohnhäuser im Stil des Historismus mit Läden im Erdgeschoss. Bücherwürmer und Liebhaber bibliophiler Kostbarkeiten kommen angesichts der Vielzahl an Antiquariaten und Buchhandlungen gewiss ins Stöbern, Schmökern und Schwärmen.

SHOPPING

Központi Antikvárium 🎧 D7

Das hervorragend sortierte Antiquariat bietet Bücher aller Sparten, Stiche und Landkarten an.

• V. | Múzeum krt. 13–15
  www.kozpontiantikvarium.hu

Honterus 🎧 D7

Das Antiquariat ist Kennern auch wegen seiner gut bestückten Auktionen ein Begriff.

• V. | Múzeum krt. 35
  www.honterus.hu

NATIONALMUSEUM 12 🎧 D7

Der einem antiken Tempel gleichende Bau steht in einem kleinen Park. Von 1837 bis 1847 wurde er nach den Plänen von Mihály Pollack errichtet, um die 1802 von Graf Ferenc Széchényi begründete nationale Sammlung aufzunehmen. Die prächtige Innenausstattung entwarfen Mór Than und Károly Lotz. Dauerausstellungen dokumentieren die Geschichte Ungarns von der Frühzeit bis 1990. Kostbarkeiten sind die für Kaiser Konstantin IX. hergestellte Monomachos-Krone und der **Krönungsmantel** Stephans I., beide aus dem 11. Jh. Außerdem gibt es ein **Lapidarium** mit römischen

Funden und mittelalterlichen Grabsteinen, dazu ein Café und einen Museumsshop (VIII., Múzeum krt. 14–16, Di–So 10–18 Uhr, www. hnm.hu, 1600 Ft).

Auf den Stufen dieses klassizistischen Gebäudes nahm der ungarische Freiheitskampf von 1848 seinen Ausgang. Am 15. März trug der junge Dichter Sándor Petőfi hier den versammelten Pestern sein Gedicht »Nationallied« vor › unten, hier wurden die Forderungen nach bürgerlichen Freiheiten verkündet. In der Folge brach in Ungarn die Revolution aus.

EHEMALIGES GEBÄUDE DES UNGARISCHEN RUNDFUNKS
13 🎧 D7

Mit einem kleinen Abstecher kann man den Schauplatz eines anderen Volksaufstandes hinter dem Nationalmuseum in der Bródy Sándor utca aufsuchen. Dort befindet sich ein Komplex, der einst Hauptsitz des Ungarischen Rundfunks war.

Am 23. Oktober 1956 drängten sich Studenten und Demonstranten vor den Eingangstüren; sie wollten die Bekanntgabe ihrer Forderungen

---

💬 **NATIONALLIED**

»Auf! Die Heimat ruft, Magyaren! Jetzt heißt's: sich zusammenscharen! Wollt ihr frei sein oder Knechte? Hier die Frage, wählt das Rechte! Schwört beim Gotte der Magyaren, schwört den Eid, schwört den Eid, dass ihr vom Joche euch befreit!«

über den Rundfunk erreichen: u. a. den Sturz des Diktators Mátyás Rákosi und freie Wahlen. Daraufhin eröffnete der Staatssicherheitsdienst ÁVH das Feuer auf die Menge. Es begannen gewaltsame Auseinandersetzungen, die nach einiger Zeit auf die ganze Stadt übergriffen.

Biegt man in die Szentkirályi utca rechts ab, gelangt man an Universitätsinstituten vorbei zum stimmungsvollen **Mikszáth Kálmán tér**. An den Tischen der Straßencafés kann man herrlich entspannen.

ZWISCHENSTOPP: CAFÉ

Spontán Presso ❸ € 🔖 D7

Trendiges, als Nachbarschaftstreff fungierendes Café mit guten Weinen, hervorragendem Kaffee, Kuchen und kleinen Gerichten.

• VIII. | Krúdy Gyula u. 2
  Tel. 70-364-2873 | www.spontanpresso.hu
  Tgl. 10–22.30 Uhr

KÁLVIN TÉR 14 🔖 D7

Über die Múzeum utca gelangt man zum Kálvin tér. Alte und moderne Bank- und Versicherungsgebäude, Hotels und die futuristischen Haltestellen der 2014 eröffneten U-Bahn-Linie M4 umrahmen den verkehrsreichen Platz. Lediglich auf der Südseite sind einige historische Bauten erhalten geblieben.

EVANGELISCH-REFORMIERTE KIRCHE 15 🔖 D7

Die Evangelisch-Reformierte Kirche am Kálvin tér wurde im 19. Jh. errichtet. Nach der Evangelischen Kirche am Deák tér ist sie das zweitgrößte protestantische Gotteshaus der Stadt. Die Säulenvorhalle ent-

Das Nationalmuseum war Ausgangspunkt der Ungarischen Revolution von 1848

warf József Hild, ebenso die Orgelempore und die Kanzel. Die berühmten Glasfenster sind Arbeiten von Miksa Róth (IX., Kálvin tér 7, Besichtigung nur kurz vor und nach dem sonntäglichen Gottesdienst).

Auf dem Vorplatz erinnert eine Statue an den Schweizer Reformator **Johannes Calvin** (1509–1564), zu dessen Glaubenslehre sich rund ein Siebtel aller Ungarn bekennt.

Links neben der Kirche fällt das barocke **Zwei-Löwen-Haus** auf, benannt nach den Steinskulpturen über der Toreinfahrt des einstigen Gasthauses, in dem heute das Rektorat der Reformierten Universität seinen Sitz hat. Es ist ein schönes Relikt der Pester Altstadt vor Einsetzen des Baubooms Ende des 19. Jhs.

Kaiser Franz Joseph höchstpersönlich eröffnete 1896 das Kunstgewerbemuseum

RÁDAY UTCA 16 📖 D7

Die einst ruhige Nebenstraße ist heute eine belebte Fußgängerzone mit Straßencafés. Auch die Häuser hat man herausgeputzt, Boutiquen, Galerien und Szenelokale schießen wie Pilze aus dem Boden.

ZWISCHENSTOPP: RESTAURANTS

Vörös Postakocsi 5 €€ 📖 D7

In der »Roten Postkutsche« an der Ráday utca wird solide ungarische Hausmannskost geboten. Abends Livemusik. › mehr S. 14 Punkt 12

- IX. | Ráday u. 15 | Pest
  Tel 217-6756 | www.vorospk.hu
  Tgl. 11.30–24 Uhr

CAFÉ JEDERMANN 6 € 📖 D8

In dem Musik-Café im Haus des Goethe-Institus kann man schon zum Frühstück deutsche Tageszeitungen studieren. Preiswerte Mittagsmenüs, Mi und Sa Jazzabend › S. 87.

- IX. | Ráday u. 58 | Tel. 30-406-3617
  www.jedermann.hu
  Tgl. 8–1 Uhr

Restaurant Kaltenberg 7 € 📖 D8

Großes Kellerlokal mit gemütlichen Nischen. Das Bier kommt aus der hauseigenen Brauerei.

- IX. | Kinizsi u. 30–36
  Tel. 215-9792 | www.kaltenberg.hu
  Mo–Sa 11.30–23 Uhr

NIGHTLIFE

Kultstatus besitzt die Ráday utca bei Fans von Jazz und Soul. Langeweile ist hier unbekannt – irgendwo gibt's immer eine Session, ist immer etwas los.

iF Café 📖 D8

Jazzabende und Kunstausstellungen. Livemusik ab 19.30 Uhr.

- IX. | Ráday u. 19 | Tel. 299-0694
  www.ifkavezo.hu | Tgl. 11–24 Uhr

KUNSTGEWERBEMUSEUM

17 ⭐ 🔊 D8

Nach London und Wien wurde im Jahre 1872 das dritte Kunstgewerbemuseum (Iparművészeti Múzeum) Europas in Budapest gegründet. Erst 1896 bezog es einen eigenen Bau, für den Ödön Lechner und Gyula Pártos die Ausschreibung gewonnen hatten. Schon von Ferne zieht die Kuppel aus farbiger Zsolnay-Majolika die Aufmerksamkeit auf sich. Der orientalische Traum konkretisiert sich am Haupteingang, und auch die geschwungenen Formen im Inneren, das lichtdurchflutete Atrium, die Galerien und Glasmalereien setzen Lechners ungarische Jugendstilvariante fort.

Im Besitz des Kunstgewerbemuseums befinden sich Meisterstücke ungarischer und internationaler Handwerker und Künstler aus mehreren Jahrhunderten: Glas, Keramik, Goldschmiedekunst, Trachten, Textilien u. v. m. (IX., Üllői út 33–37, wegen Renovierung bis mindestens 2020 geschl., aktuelle Infos unter www.imm.hu).

In der Außenstelle des Kunstgewerbemuseums im **Schlossmuseum Nagytétény** im Süden von Budapest hat die Sammlung für europäische Möbelgeschichte einen repräsentativen Platz gefunden (XXII., Kastélypark u. 9–11, Di–So 10–18 Uhr, www.nagytetenyi.hu, 1550 Ft, Anfahrt aus der Pester Innenstadt mit Bus Nr. 133 oder vom Móricz Zsigmond körtér im XI. Bezirk mit Bus Nr. 33 zur Haltestelle Petőfi Sándor utca/Kastélymúzeum, von dort etwa 5 Min. Fußweg).

TOUR 6

IM PARLAMENTSVIERTEL

> **VERLAUF:** Vörösmarty tér > Palais Gresham > Kettenbrücke > Parlament > St.-Stephans-Basilika
>
> **KARTE:** Seite 88
> **DAUER:** 3–4 Std. zu Fuß
> **PRAKTISCHE HINWEISE:**
> - Startpunkt ist die Metrostation Ⓜ **Vörösmarty tér,** vom Endpunkt der Tour gelangt man in nur wenigen Schritten bis zur Metrostation Ⓜ **Bajcsy-Zsilinszky út.**
> - Das Parlament kann nur im Rahmen einer Führung besichtigt werden.Deutschsprachige Touren finden mehrmals täglich statt. Tickets können vorab online unter www.jegymester.hu/parlament bestellt werden, im Besucherzentrum gibt es Restkarten für den gleichen Tag.
> - Zu einer Pause lädt der Park auf dem Szabadság tér ein. Einen Imbiss bekommt man wochentags in der Markthalle in der Hold utca.
> - Orgelkonzerte in der St.-Stephans-Basilika Mo 17 Uhr (Okt. 19 Uhr), April–Dez. auch Fr 20 Uhr, Infos und Karten: www.organconcert.hu

TOUR-START:

Auch diese Tour beginnt am **Vörösmarty tér** > S. 84, führt nun aber in die entgegengesetzte Richtung: ins Parlamentsviertel, die Leopoldstadt.

Dieses Viertel ist eines der jüngeren in der Innenstadt. Bevor Mitte des 19. Jhs. mit der Bebauung begonnen wurde, war das Gebiet noch ein versumpftes Uferstück.

Vom Vörösmarty tér führt der Weg rechts am Café Gerbeaud vorbei zum **József Nádor tér,** benannt nach Erzherzog Joseph, einem Sohn von Kaiser Leopold II., der von 1795 bis 1848 Statthalter des österreichischen Kaisers war. Einige klassizistische Repräsentationsbauten säumen den Platz, auf dem Archäologen 2016 einen muslimischen Friedhof aus dem 17. Jh. freilegten.

SZÉCHENYI ISTVÁN TÉR

Über die Dorottya utca läuft man weiter zur József Attila utca und biegt dort links Richtung Donau ab, um zum Széchenyi István tér zu gelangen. An diesem Platz am Pester Kopf der Kettenbrücke ziehen der Jugendstilbau des Palais Gresham an der Ostseite und im Süden das Deák-Denkmal den Blick auf sich.

PALAIS GRESHAM 18 C6

Der Jugendstilkomplex entstand von 1904 bis 1907 als Sitz der gleichnamigen britischen Versicherungsgesellschaft. Er galt zur Zeit seiner Erbauung als außergewöhnlich luxuriös, verfügte er doch über Zentralheizung und Fahrstühle. Legendären Ruf erlangte die »Greshamer Tischgesellschaft«, ein Zirkel, der sich zwischen den Weltkriegen wöchentlich im Café des Hauses traf. An der Fassade des Palastes ist das Porträt des Gründers der Gesellschaft, Sir Thomas Gresham, zu se-

hen. Die Hotelkette Four Seasons betreibt in dem imposanten Gebäude ein Luxushotel › S. 30.

DEÁK-DENKMAL

Dominiert wird der Széchenyi István tér vom wuchtigen Bau des Hotels **Sofitel Budapest Chain Bridge** an der südlichen Stirnseite. Auch hier lohnt ein kurzes Verweilen. Vor dem Hotel wurde Ferenc Deák (1803–1876) ein Denkmal gesetzt. 1867 verhandelte der liberale Politiker mit Österreich den sog. »Ausgleich«, aus dem die k. u. k Doppelmonarchie hervorging.

AKADEMIE DER WISSENSCHAFTEN
19 B/C6

Der Komplex im Neorenaissancestil (1864/1865) beherrscht den Norden des Széchenyi István tér. Architekt der Akademie war der Berliner Friedrich August Stüler, Bauleiter der berühmte Ungar Miklós Ybl. An der Hauptfassade erkennt man auf Höhe des zweiten Stocks Allegorien der sechs damaligen Fakultäten: Jura, Naturwissenschaften, Mathematik, Philosophie sowie Sprach- und Gesellschaftswissenschaften. Im mit Fresken von Karoly Lotz geschmückten Zeremoniensaal finden bisweilen Konzerte statt.

KETTENBRÜCKE 20 ⭐ B6

Gegenüber dem Deák-Denkmal ehrt ein Monument Graf István Széchenyi, dem Mitbegründer der legendären Donaudampfschifffahrtsgesellschaft. Er finanzierte die Ungarische Akademie der Wissenschaften und den Bau der Ketten-

Blick über die Kettenbrücke zum Széchenyi István tér

brücke, die seinen Namen trägt (Széchenyi lánchíd). Am besten ist die 380 m lange und 2000 t schwere Eisenkonstruktion, ein Budapester Wahrzeichen, natürlich von der Burg aus zu sehen, doch auch vom Széchenyi István tér bietet sich ein imposantes Bild.

TÄNZER-HAUS 21 C6

Nun führt der Weg an der Donau entlang oder durch die Akadémia utca, vorbei an klassizistischen Gebäuden wie dem 1836 erbauten Tänzer-Haus mit der Nr. 1–3, bis zum Kossuth Lajos tér, dem großen Platz vor dem Parlament.

💬 DIE ERSTE FESTE BRÜCKE ÜBER DIE DONAU

Graf István Széchenyi soll sich zur Finanzierung einer festen Brücke über die Donau entschlossen haben, als er im Winter 1820 zu seinem sterbenden Vater nach Buda eilen wollte, die Pontonbrücke aber wegen treibender Eisschollen abgebaut war. Er machte sich in diversen europäischen Metropolen ein Bild von zeitgemäßer Brückenarchitektur, bevor er den Briten William Clark mit der Planung beauftragte. Die Bauleitung übernahm dessen Namensvetter Adam Clark, der auch den nach ihm benannten Tunnel durch den Burgberg entwarf – die Verlängerung der Kettenbrücke. Bereits 1900 wurde die 1849 eingeweihte Brücke wegen des immer intensiver werdenden Verkehrs verstärkt. 1949 musste sie neu aufgebaut werden, nachdem die Deutschen die Brücke 1945 gesprengt hatten.

Der neogotische Prachtbau des Parlaments ist Budapests bekanntestes Wahrzeichen

KOSSUTH LAJOS TÉR

Der Platz, an dem das Parlament liegt, wurde nach der Leitfigur der Unabhängigkeitsbewegung von 1848/49, dem Regenten während der Revolution Lajos Kossuth benannt. Das Denkmal am Nordende des Platzes zeigt ihn im Kreise seiner Anhänger.

Der Reiter am südlichen Ende ist Ferenc II. Rákóczi, Fürst von Siebenbürgen und Ungarn. Er kämpfte für die verfassungsmäßigen Rechte der ungarischen Krone und stellte sich von 1703 bis 1711 an die Spitze des Kurutzenaufstandes gegen die Habsburger.

An der Nordseite des Platzes liegt unterirdisch das Besucherzentrum des Parlaments, von dem die Führungen ihren Ausgang nehmen.

PARLAMENT 22 ⭐ 📖 B5

Das den Kossuth Lajos tér beherrschende Gebäude ist das Parlament. Das riesige Bauwerk sollte sich nach dem Willen seiner Planer formal am britischen Parlamentsgebäude orientieren und an die dortige Demokratie erinnern. In Wirklichkeit ist das ungarische Parlamentsgebäude sogar um einiges größer geraten. Der Bau wurde im Dezember des Jahres 1880 beschlossen. Und die Habsburger Regierung in Wien hatte nichts mehr dagegen einzuwenden, denn die Beziehungen zu Österreich hatten sich weitgehend normalisiert.

Viele Architekten bewarben sich um den Auftrag, die meisten Entwürfe sahen einen Bau im Stil der Neorenaissance vor. Den Zuschlag erhielt aber schließlich Imre Steindl, der sich an der englischen Neogotik orientierte. Steindl schuf von 1885 bis 1902 eines der größten Bauwerke der damaligen Welt: 268 m lang, 118 m breit und 96 m hoch.

Steindl beließ es nicht bei der reinen Neogotik. Er verlieh dem Bau mit der Neorenaissance-Kuppel einen italienischen Touch, integrierte neoromanische Arkadengänge und verarbeitete bei der Innenausstattung byzantinische, venezianische und barocke Elemente. In der südlichen Hälfte des Gebäudes tagte bis zu seiner Auflösung 1945 das Oberhaus, heute beherbergt sie die Nationalversammlung, Ungarns Parlament. Die Nordhälfte hat keine politische Funktion mehr und wird für die Besichtigungen sowie für Konferenzen genutzt. Alle Sitzungs- und Tagungsräume sind mit Fresken, Gemälden und Gobelins geschmückt. › mehr S. 16 Punkt **26**

Im Parlament ausgestellt sind die ungarische Krone und die Krönungsinsignien. Das Gebäude kann nur im Rahmen von Führungen besichtigt werden (Details › S. 97, EU-Bürger 2000 Ft, sonst 5200 Ft, www.parlament.hu).

Der Weg führt anschließend am Vértanúk tere vorbei zurück in die Vécsey utca.

SZABADSÁG TÉR

Die Vécsey utca führt direkt auf den Szabadság tér. Auf diesem prachtvollen Areal stand bis 1897 ein Gefängniskomplex, in dem 1849 der Ministerpräsident der ersten konstitutionellen Regierung, Graf Lajos Batthyány, inhaftiert und später erschossen wurde. Den hufeisenförmige Platz säumen herrliche Gebäude im Jugendstil und im Stil des Historismus. An der Westseite steht die **Alte Börse**, gegenüber die **Nationalbank** (beide um 1900 von Ignác Alpár erbaut). Das **sowjetische Ehrenmal** im Norden des Platzes ist Budapests letztes noch an seinem alten Platz stehendes Denkmal aus kommunistischer Zeit.

POSTSPARKASSE **23** ⭐ ▮ C5

In der nahen Hold utca ist das Gebäude der Postsparkasse besonders sehenswert (Nr. 4). Dieses Jugendstiljuwel wurde von 1899 bis 1902 von Ödön Lechner geschaffen. Er experimentierte mit Elementen der persischen, indischen und ungarischen Volkskunst. Das Dach ist mit farbigen sechseckigen Ziegeln gedeckt, der Giebelbereich mit fantasievollen Majolika-Motiven verziert. Lechner verwendete für das Gebäude glasierte Tonplatten, die er in der Keramikfabrik Zsolnay in Pécs herstellen ließ.

Das Haus war als Wohn- und Bankgebäude konzipiert, ein wellenförmiges Gesims trennte die Bereiche. 1992 wurde es restauriert; heute hat die ungarische Nationalbank hier ein Dienstgebäude, das für die Öffentlichkeit nicht zugänglich ist. Von der Nagysándor József utca hat man einen schönen Blick auf das bunte Dach.

Auf der gegenüberliegenden Straßenseite gibt die **Markthalle in der Hold utca** (V., Hold u. 13) Gelegenheit zu einem Imbiss › S. 41.

GRATIS ENTDECKEN

- **Musik:** In der **St.-Stephans-Basilika** ▸ rechts hat man häufiger Gelegenheit, bei Chor- oder Orgelproben zuzuhören Gratis-Aufführungen von Bach-Werken kann man in der **Evangelischen Kirche am Deák Ferenc tér** ▸ S. 106 beiwohnen. Auch Konzerte in Klubs und Cafés kosten in der Regel keinen Eintritt. Nur ein Getränk sollte noch ins Budget passen.
- **Museen:** An den Nationalfeiertagen (15. März, 20. Aug., 23. Okt.) wird in den staatlichen Museen, z. B. in der **Nationalgalerie** ▸ S. 67 und im **Kunstgewerbemuseum** ▸ S. 97 kein Eintritt verlangt.
- **Stadtrundfahrt:** Nicht ganz, aber doch beinahe umsonst ist eine besonders reizvolle Stadttour: Die **Straßenbahnlinie 2** fährt am Pester Donauufer entlang und passiert dabei Sehenswürdigkeiten wie die Zentrale Markthalle, die Redoute, die Kettenbrücke und das Parlament. Dafür muss man, wenn man die Fahrt nicht unterbrechen will, nur einen Einzelfahrschein lösen ▸ S. 25.
- **Ausblicke:** Den Traumblick von der **Fischerbastei** ▸ S. 71 über die Donau nach Pest kann man von Mitte Oktober bis Mitte März gratis genießen. Schöne Ausblicke bieten sich auch bei einem Spaziergang über die **Kettenbrücke** ▸ S. 98 oder rund um die **Margareteninsel** ▸ S. 126.

ZWISCHENSTOPP: RESTAURANT

Tüköry ❽ € ▮ C5

Traditionslokal mit guter ungarischer Küche und frisch gezapftem Fassbier.

- V. | Hold u. 15 | Tel. 302-3233
  Mo–Fr 11–23, Sa, So 11–22 Uhr

ST.-STEPHANS-BASILIKA 24 ⭐ ▮ C6

Die St.-Stephans-Basilika (Szent István Bazilika) am Szent István tér ist die größte Budapester Kirche. Erbaut wurde sie 1851–1905 nach Plänen von Miklós Ybl. 1868 stürzte infolge eines Konstruktionsfehlers die Kuppel ein, was die Fertigstellung des Baus erheblich verzögerte. Heute können Besucher zu einer Aussichtsgalerie auf der Balustrade hinaufsteigen (370 Stufen, alternativ fährt auch ein Lift) und aus 65 m Höhe einen weiten Panoramablick über Budapest genießen. Im rechten Turm hängt die mit 9 t schwerste Kirchenglocke des Landes.

Die wertvollste Reliquie Ungarns wird in einer Seitenkapelle im linken rückwärtigen Teil der Kirche aufbewahrt: die **Heilige Rechte.** Die Handreliquie König Stephans wird alljährlich am 20. August in feierlicher Prozession den Gläubigen vorgeführt. ▸ mehr S. 15 Punkt ㉒ Wertvolle Kleinodien präsentiert die Schatzkammer (V., Szent István tér 1, Basilika Mo–Fr 9–17, Sa 9–13, So 13–17 Uhr, 200 Ft, Kuppel Juli–Sept. 10–18.30, Okt.–Juni 10–16.30 Uhr, 500 Ft, Schatzkammer Juli–Sept. 10 bis 18.30, Okt.–Juni 10–16.30 Uhr, 400 Ft, www.bazilika.biz, hier auch Infos über die regelmäßig veranstalteten Konzertreihen).

PEST DER GRÜNDERZEIT

Kaffeehaus-Herrlichkeit wie anno dazumal
im Café New York am Erzsébet körút

Die Andrássy út, die Pester Prachtstraße, lädt mit ihren Geschäften, Cafés und Museen zum Flanieren ein, während das jüdische Viertel mit spannenden Kontrasten aufwartet: Neben Synagogen gibt es hier auch viele angesagte Kneipen.

Beginnend mit dem politischen Ausgleich zwischen Österreich und Ungarn 1867, inspiriert von den 1000-Jahr-Feiern Ungarns 1896 und Jahrhundertwendefeiern um 1900 bis hin zum Beginn des Ersten Weltkriegs erlebte Budapest einen Bauboom gigantischen Ausmaßes. Innerhalb weniger Jahrzehnte wurden rund um die mittelalterliche Pester Innenstadt mehrere neue Stadtbezirke aus dem Boden gestampft. Um 1910 überschritt die Bevölkerungszahl Budapests bereits die Millionengrenze, wobei Pest den größten Zulauf zu verzeichnen hatte. Mehrstöckige Geschäfts- und Wohnhäuser, Behörden im Stil des Eklektizismus und Jugendstils entstanden, vor allem aber bedeutende Kulturbauten. Nach Pariser Vorbild wurde der Prachtboulevard Andrássy út bis zum pompösen Heldenplatz unter städtebaulichen Aspekten geplant.

Auch das jüdische Viertel in der Elisabethstadt erlebte ein rasantes Wachstum, da die Einführung der vollständigen Religionsfreiheit im Zuge des »Ausgleichs« mit Österreich für eine Zuwanderungswelle von Juden sorgte. Schon zuvor war die größte Synagoge Europas hier errichtet worden. Während des Zweiten Weltkriegs befand sich in diesem Bezirk das jüdische Getto.

Im Stadtwäldchen hinter dem Heldenplatz, einst Jagdrevier von König Matthias Corvinus, wurde Budapests größtes Freizeitgelände angelegt. Hier befinden sich Zoo, Zirkus, die Burg Vajdahunyad und viele Sportanlagen. In der Nähe des Zoos liegt das Restaurant »Gundel«, dessen Name seit über 100 Jahren Inbegriff ungarischer Kochkunst ist. Das nach dem Erbauer der Kettenbrücke benannte Széchenyi-Bad im Stil eines Barockschlösschens ist das einzige historische Thermalbad auf der Pester Seite.

Den Budapester Westbahnhof errichtete das Architekturbüro von Gustave Eiffel

TOUREN IM STADTVIERTEL

AUF BUDAPESTS PRACHTSTRASSE

VERLAUF: Deák Ferenc tér > Andrássy út > Staatsoper > Franz-Liszt-Universität für Musik > Westbahnhof > Haus des Terrors > Franz-Liszt-Museum Ferenc-Hopp-Museum > KogArt-Haus > Heldenplatz > Milleniumsdenkmal

KARTE: Seite 112
DAUER: 3–4 Std. zu Fuß, Museumsbesuche sind nicht eingerechnet.
PRAKTISCHE HINWEISE:
- Ausgangs- und Endpunkt sind die Metrostationen Ⓜ **Deák Ferenc tér** bzw. Ⓜ **Hősök tere.**
- Mit dem Bus Nr. 105 kann man auch eine Sightseeing-Tour auf der Andrássy út unternehmen.
- Wer will, kann einige Stationen mit der historischen U-Bahn M1 fahren. Sie verläuft nur wenige Meter unter der Straße.

Die Tour beginnt am Deák Ferenc tér und führt entlang der über 2 km langen Prachtstraße Andrássy út bis zum Heldenplatz. Am Weg liegen mehrere Museen und einige traditionsreiche Kaffeehäuser. Nimmt man sich Zeit für eine Rast und für Museumsbesuche, so dauert diese Tour einen ganzen Tag.

TOUR-START:
DEÁK FERENC TÉR

Der Deák Ferenc tér ist einer der größten Plätze Budapests. Benannt wurde er nach Ferenc Deák, dem Politiker und ehemaligen Justizminister der revolutionären Batthány-Regierung, der im Mai 1867 den historischen »Ausgleich« mit Österreich aushandelte.

Als Schnittpunkt dreier U-Bahn-Linien ist er ein idealer Treffpunkt. Auch lässt es sich hier gut warten – an den Marktbuden bekommt man Snacks, Spezialitäten sowie Kunsthandwerk, vor dem Evangelischen Landesmuseum spielen oft Straßenmusikanten. Doch was man an der Oberfläche des Platzes sieht, ist lange nicht alles. Viel Leben spielt sich unterirdisch ab, in der Unterführung. Schon Ende des 19. Jhs. wurde hier die erste Metrostation gebaut.

Auf dem anschließenden **Erzsébet tér** schuf man auf und unter dem Fundament des geplanten Nationaltheaters (das dann anderswo errichtet wurde) das Kulturzentrum **Akvárium** mit unterirdischen Konzertsälen, Außenterrasse und Café. Ab 12 Uhr bis in die frühen Morgenstunden ist für Unterhaltung gesorgt (www.akvariumklub.hu).

EVANGELISCHES LANDESMUSEUM **1** 🕍 C6

Das Museum am Deák Ferenc tér 4 dokumentiert die Geschichte der evangelisch-lutherischen Kirche Ungarns. Zu sehen ist u. a. das Testament Martin Luthers, das er 1542 in Wittenberg schrieb (V., Deák Ferenc tér 4, Di–So 10–18 Uhr, www. evangelikusmuzeum.hu, 1200 Ft).

MILLENNIUM-U-BAHN-MUSEUM
2 C6

Das U-Bahn-Museum (Földalatti Vasúti Múzeum) zeugt von der großen Zeit der kleinen Bahn. Eröffnet wurde die Budapester Metro als erste elektrische Untergrundbahn auf dem Kontinent nach nur 20-monatiger Bauzeit anlässlich der Millenniumsfeierlichkeiten 1896. Als die Andrássy út fertig war, wollte man verhindern, dass die Flaneure auf dieser Prachtstraße von zu viel Verkehr gestört wurden. Also baute man nur wenige Meter unter der Oberfläche verlaufende Tunnel und ließ das Bähnchen 3,65 km weit bis zu einer oberirdischen Haltestelle im Stadtwäldchen rumpeln. Das kleine Museum zeigt U-Bahn-Wagen der ersten Bauserie sowie Gebrauchsgegenstände und Mobiliar des Jugendstils (Fußgängerunterführung Deák Ferenc tér, Di–So 10–17 Uhr, www.bkv.hu, 350 Ft).

ANDRÁSSY ÚT 8
Bereits Mitte des 19. Jhs. hatten die Planungen für die 1000-Jahr-Feiern Ungarns im Jahre 1896 begonnen. Für dieses Großereignis sollte eine elegante Flaniermeile geschaffen werden, vom zentralen heutigen Deák Ferenc tér bis ins Stadtwäldchen, wo die große Millenniums-Ausstellung stattfand. Der Architekt Miklós Ybl wurde in den 1870er-Jahren beauftragt, diese Straße auf dem Reiß-

brett zu entwerfen. Dabei entstand die seit 1987 zum UNESCO-Weltkulturerbe gehörende Prachtstraße, die an der Staatsoper, vielen Museen und herrschaftlichen Palästen sowie stilvollen Cafés und Designergeschäften vorbei zum Millenniumsdenkmal am Heldenplatz führt.

BAUTEN DES HISTORISMUS
Der einheitlichen architektonischen Schöpfung mussten damals mehr als 200 alte Häuser weichen. Ybl beauftragte berühmte Standeskollegen mit der Planung, darunter Stars wie Ödön Lechner, der damals noch nicht im ungarischen Jugendstil baute, der später sein Markenzeichen werden sollte. Bei den meisten Bauten handelte es sich um Wohnhäuser wohlhabender Budapester Familien. Wie am Großen Ring sind sie drei- bis viergeschossig und haben meist zwei Treppenhäuser – ein prunkvolles für die Herrschaft, ein einfaches für das Gesinde, das meist in kleinen, dunklen Zimmern zum Hof hin untergebracht wurde. Später, in der Zeit des sozialistischen Regimes, wurden die meisten Wohnungen umgebaut, große Wohnungen aufgeteilt.

Nach 14-jähriger Bauzeit waren die Arbeiten 1885 beendet. Man konnte nun auf einer der pompösesten Straßen Europas lustwandeln. Jahrzehntelang erschien die Andrássy út überdimensioniert, während sich heute selbst auf den vier Spuren bis in den Abend hinein der Verkehr staut. Allerdings sind die Bürgersteige breit genug – ein Bummel ist nach wie vor ein Erlebnis.

Károly Lotz schuf die Deckenfresken im Zuschauerraum der Budapester Oper

PALAIS SAXLEHNER 3 ▌ C6

Gleich am Anfang der Andrássy út fällt links das Haus Nr. 3 auf, das 1884–1886 von Győző Czigler im Stil der Neorenaissance für András Saxlehner (1815–1889) erbaut wurde. Dieser gelangte mit der geschickten weltweiten Vermarktung seines Bitterwassers unter dem Markennamen »Hunyadi János« zu Reichtum. Besonders schön sind die Deckenfresken von Károly Lotz im Treppenhaus.

STAATSOPER 4 ★ ▌ C6
UND UMGEBUNG

Im gleichen Stil erbaut, doch wesentlich pompöser ist die Staatsoper (Nr. 22) auf der gegenüberliegenden Straßenseite. Die Pläne für das gewaltige Werk entwickelte von 1875 bis 1884 Miklós Ybl. Die Skulpturen in den Seitennischen neben der Auffahrt stellen Franz Liszt und Ferenc Erkel dar, mit dessen Oper »Bánk bán« das Haus im Jahre 1884 feierlich eröffnet wurde.

Die Steinmetzarbeiten im ersten Geschoss stellen die vier Musen Terpsichore, Erato, Thalia und Melpomene dar; in der zweiten Etage sind 16 bedeutende Komponisten verewigt. Auch die Innenräume sind edel ausgestattet. Prunkstück ist der Große Saal für 1289 Zuhörer. Ein riesiger Kronleuchter beleuchtet die farbenfrohen Deckenfresken, die ein Engelsorchester zeigen.

Den Saal zeichnet eine hervorragende Akustik aus, so dass die internationale Musikelite oft vor ausverkauftem Haus gastiert (Programm unter www.opera.hu, deutschsprachige Führungen mit Minikonzer-

Jugendstil-Dekor schmückt das Foyer der Franz-Liszt-Universität für Musik

ten tgl. 14, 15 und 16 Uhr, 2490 Ft, www.operavisit.hu).

In unmittelbarer Nähe dieses ersten Abschnitts der Andrássy út befinden sich mehrere Sprechbühnen, Varietés und das beliebte Operettentheater. Hier werden neben Werken Franz Lehárs und Emmerich Kálmáns auch zeitgenössische Musicals aufgeführt.

PALAIS DRECHSLER 5 ▮ C6

Das Gebäude vis-à-vis der Oper ist eine weiteres Werk Ödön Lechners (1883). Das Palais, ursprünglich für die Pensionskasse der Ungarischen Staatsbahn erbaut, fällt aus dem Rahmen seines Schaffens und ist schlichter als gewohnt. Der Name »Drechsler« geht auf den Inhaber des einstigen Cafés im Erdgeschoss zurück, das viele Künstler und Komponisten frequentierten. Von 1949 bis 2002 beherbergte das Gebäude die Ungarische Ballettakademie. Heute steht es leer, zuletzt war vom Umbau in ein Luxushotel die Rede.

ROBERT-CAPA-ZENTRUM 6 ▮ D6

In der Nagymező utca sollte man sich das Robert-Capa-Zentrum anschauen. Ursprünglich 1912 vom Kunstsammler Lajos Ernst gegründet, präsentierte das Museum unter dessen Namen über Jahrzehnte hinweg Wechselausstellungen zeitgenössischer Kunst. Seit 2013 zeigt die nun nach dem ungarischstämmigen Fotografen Robert Capa benannte Institution aktuelle Fotografie und andere verwandte Kunstrichtungen. Ödön Lechner gestaltete den Eingang und das Treppenhaus des Gebäudes (VI., Nagymező u. 8, tgl. 11–19, letzter Einlass 18.30 Uhr, www.capacenter.hu, 1500 Ft).

ZWISCHENSTOPP: RESTAURANT

Klassz ❸ €€ 🍴 D6

Das Klassz bietet hochwertige, saisonale Küche und ein gut sortiertes Weinfachgeschäft im hinteren Teil des Lokals. Die Weine können direkt zum Essen probiert werden. Keine Reservierungen!

• VI. | Andrássy u. 41
  www.klasszetterem.hu
  Tgl. 11.30–23 Uhr

SHOPPING

Manó-Mai-Galerie 🍴 C6

Der Buchladen im Haus der Ungarischen Fotografie verkauft Originale bekannter ungarischer und internationaler Fotografen, Kunstpostkarten und Bildbände. Das wunderschöne Fin-de-siècle-Gebäude beherbergt ein Fotomuseum (1500 Ft).

• VI. | Nagymező u. 20
  www.maimano.hu
  Mo–Fr 14–19, Sa, So 11–19 Uhr

FRANZ-LISZT-UNIVERSITÄT FÜR MUSIK **7** 🍴 D6

Ein Abstecher zur Franz-Liszt-Universität für Musik (Liszt Ferenc Zeneművészeti Egyetem), die 1875 von dem Komponisten gegründet wurde, ist Musikliebhabern sehr zu empfehlen. Hier unterrichteten die Großen ihres Fachs wie beispielsweise Béla Bartók und Zoltán Kodály. Die Musikakademie, wie sie im Volksmund genannt wird, ist die wichtigste Ausbildungsstätte, der freskenverzierte, 1200 Besucher fassende **Große Saal** einer der bedeutendtsten Veranstaltungsorte für klassische Musik in der Donaumetropole und berühmt für seine Akustik (VI., Liszt Ferenc tér 8, vgl. auch › Seitenblick S. 60).

Der **Liszt Ferenc tér** ist ein beliebter Treffpunkt. Rund um den Platz mit seinen alten Bäumen ziehen Szenelokale, Pubs und Cafés ein vorwiegend junges, internationales Publikum an.

WESTBAHNHOF **8** ⭐ **9** 🍴 C5

Das Prunkstück des Großen Rings erreicht man am besten mit der Straßenbahn (ab Oktogon Linien 4 und 6): den Westbahnhof (Nyugati pályaudvar) am Nyugati tér, einen der wichtigsten Verkehrsknotenpunkte der Stadt. Schon 1846 verkehrten hier die ersten Züge.

Entstanden war der Bau im Zuge der Euphorie nach dem »Ausgleich«. Ein repräsentativer Bahnhof sollte es werden. Also beauftragte man 1870 das Pariser Architekturbüro von Gustave Eiffel mit der Planung. Vier Jahre später begann der Bau des größten überdachten Raumes, der jemals in der K.-u.-k.-Monarchie verwirklicht wurde. Auguste de Serres schuf ein neobarockes Abfahrts- und ein Ankunftsgebäude mit mächtigen Kuppeln, dazwischen setzte er eine 25 m hohe und 146 m lange Halle aus Glas und Stahl mit 42 m Spannweite. Die Streben transportierte man extra aus Paris heran. 1877 wurde der Bau eingeweiht.

1987 drohte dem denkmalgeschützten Prachtbau der Zusammenbruch. Geld für die Restaurierung war nicht vorhanden, doch dank des Sponsorings eines Fastfood-Konzerns, der jetzt auch das Bahnhofsrestaurant betreibt, konnte der Bau schließlich saniert werden.

Dieses Piano in Franz Liszts Wohnung war ein Geschenk des Klavierbauers Chickering

SHOPPING

WestEnd City Center 📖 C/D4

Der moderne Gebäudekomplex neben dem Westbahnhof besteht aus dem Hotel Hilton Westend, einem Bürogebäude und einem Mega-Einkaufskomplex mit über 400 Geschäften, 40 Cafés und Restaurants, großem Multiplex-Kino, Casinos, Bowlingbahnen sowie einem künstlichen Wasserfall in der Vorhalle. Oben auf dem Westend City Center erstreckt sich der größte Dachgarten Mitteleuropas. Zahlreiche Veranstaltungen, Ausstellungen, ein Kinderspielplatz und in den Wintermonaten (Okt.–März) die Eislaufbahn locken in die grüne Oase in luftiger Höhe.

• VI. | Váci u. 1–3
www.westend.hu

RINGSTRASSE

Vom Bahnhof geht es zurück zum Oktogon: Hier kreuzt die Andrássy út den Großen Ring, der an dieser Stelle Teréz körút heißt. Auch er wurde zur Jahrtausendfeier 1896 eröffnet. Die Ringstraße um die Pester Innenstadt ist 4141 m lang und überall exakt 45 m breit. Ihre fünf Abschnitte heißen Szent István körút, Teréz körút, Erzsébet körút, József körút und Ferenc körút.

Das letzte lange Stück der Andrássy út bis zum Heldenplatz kann man mit der U-Bahn oder dem Bus abkürzen, da dort überwiegend Unternehmen, Verbände und Botschaften ihren Sitz haben. Allerdings auch einige außergewöhnliche Museen – vielleicht lässt sich dafür noch ein Zwischenstopp einplanen.

HAUS DES TERRORS 9 📖 D5

Das Gebäude Andrássy út 60 erinnert an ein dunkles Kapitel der ungarischen Geschichte. Hier residierten zunächst die faschistischen Pfeilkreuzler, und nach dem Krieg der gefürchtete kommunistische Staatssicherheitsdienst ÁVO. Das Haus des Terrors (Terror Háza) dokumentiert mit Hilfe multimedialer Technik die Gräueltaten der faschistischen und kommunistischen Regimes und gedenkt ihrer Opfer (VI., Andrássy út 60, Di–So 10–18 Uhr, www.terrorhaza.hu, 3000 Ft).

FRANZ-LISZT-MUSEUM 10 📖 D5

Stadtauswärts wird die Andrássy út von zwei Promenaden gesäumt, die einst den Reitern dienten. Im Eckhaus Nr. 67 befindet sich im 1. Stock das Franz-Liszt-Museum in der Wohnung, in der der Komponist seine letzten Lebensjahre verbrachte. Zu sehen sind Instrumente, Bücher und Möbelstücke. Sonntags um 11 Uhr finden Matineekonzerte statt. An der Museumskasse werden Noten und CDs mit Kompositionen Liszts verkauft (VI., Vörösmarty u. 35, Mo–Fr 10–18, Sa 9–17 Uhr, www.lisztmuseum.hu, 2000 Ft).

KODÁLY KÖRÖND 11 ◖ D5
Von prächtigen Mietshäusern umgeben ist der Kodály körönd, der nach dem Komponisten und Volksliedforscher Zoltán Kodály benannt wurde. Die Statuen auf dem Platz stellen vier Nationalhelden dar, die sich im Kampf gegen die Osmanen verdient gemacht haben: János Bottyán, Miklós Zrínyi, György Szondy und Bálint Balassi.

FERENC-HOPP-MUSEUM FÜR OST-ASIATISCHE KUNST 12 ◖ E5
Im Gebäude Nr. 103, der ehemaligen Villa von Ferenc Hopp, zeigt das nach ihm benannte Museum Wechselausstellungen, die aus der 20 000 Exponate umfassenden Sammlung des Ostasienexperten bestückt werden. Thematisch passende Sonderausstellungen ergänzen das Programmm (VI., Andrássy út 103, Di–So 10–18 Uhr, www.hoppmuseum.hu, 1200 Ft).

BUDAPESTER POSTMUSEUM 13 ◖ E5
Nicht weit entfernt in der Benczúr utca stellt das Budapester Postmuseum Exponate aus den Anfangszei-

ten des Post- und Fernmeldewesens aus. Sehenswert sind auch die Ausstellungsräume, eine ehemalige großbürgerliche Wohnung (VI., Benczúr u. 27, Di–So 10–18 Uhr, www.postamuzeum.hu, 1000 Ft).

KOGART-HAUS 14 ◖ E4
Die Kunstvilla KogArt Ház zeigt in wechselnden Ausstellungen die bedeutende Privatsammlung des Geschäftsmanns und Mäzens Gábor Kovács, wobei der Fokus auf Werken zeitgenössischer ungarischer Künstler liegt (VI., Andrássy út 112, Mo–Fr 10–17 Uhr, www.kogarthaz.hu, 1500 Ft).

ZWISCHENSTOPP: RESTAURANT
La Perle Noire ❷ €€€ ◖ E4
Das Restaurant des Hotels Mamaison Andrassy mischt traditionelle ungarische Geschmacksnoten mit den Errungenschaften der französischen Bistroküche. Im Sommer lockt die Terrasse des sehenswerten Bauhaus-Gebäudes.
• VI. | Andrássy u. 111
Tel. 462-2189
www.laperlenoire.hu
Tgl. 12–24 Uhr

HELDENPLATZ 15 ◖ E4
Die Andrássy út findet ihren krönenden Abschluss im Heldenplatz (Hősök tere), um den sich mit der Kunsthalle › S. 115, dem Museum für Bildende Kunst › S. 115 und dem Millenniumsdenkmal › S. 114 gleich drei wichtige Sehenswürdigkeiten gruppieren. Der Heldenplatz wurde anlässlich der Millenniumsfeiern im Jahre 1896 gestaltet. Er bot mehr als 50 000 Ehrengästen aus aller

TOUREN IM PEST DER GRÜNDERZEIT

TOUR 7

AUF BUDAPESTS PRACHTSTRASSE

1 Evangelisches Landesmuseum
2 Millennium-U-Bahn-Museum
3 Palais Saxlehner
4 Staatsoper
5 Palais Drechsler
6 Robert-Capa-Zentrum
7 Franz-Liszt-Universität für Musik
8 Westbahnhof
9 Haus des Terrors
10 Franz-Liszt-Museum
11 Kodály körönd
12 Ferenc-Hopp-Museum für Ostasiatische Kunst
13 Budapester Postmuseum
14 KogArt-Haus
15 Heldenplatz

TOUR 8

MUSEEN UND FREIZEITOASEN

16 Museum für Bildende Kunst
17 Kunsthalle
18 Burg Vajdahunyad
19 Landwirtschaftsmuseum
20 Verkehrsmuseum
21 Széchenyi-Bad
22 Städtischer Zirkus
23 Zoo

TOUR 9

IN DER ELISABETHSTADT

24 Große Synagoge
25 Jüdisches Viertel
26 Gozsdu-Höfe
27 Neues Theater
28 Klauzál tér
29 Künstlerklub
30 Palais New York

Welt Platz. In der kommunistischen Ära diente er der Armee als Aufmarschfläche, z. B. zum Jahrestag der russischen Oktoberrevolution. Heute drängen sich Tag für Tag Tausende von Touristen auf dem riesigen Areal. › mehr S. 12 Punkt ❸

MILLENNIUMSDENKMAL

Das Denkmal erfreut sich großer Beliebtheit als Fotomotiv. Mit seinem Bau wurde zu den Feierlichkeiten 1896 begonnen; fertiggestellt wurde es aber erst nach 42 Jahren 1938. Gestaltet haben es der Architekt Albert Schickedanz und der Bildhauer György Zala. Im Zentrum steht der Erzengel Gabriel auf einer 36 m hohen Steinsäule. Den Sockel schmücken Reiterstandbilder des Großfürsten Árpád und weiterer sechs Stammesfürsten, die an der Landnahme der Ungarn im Jahr 896 beteiligt waren. Auf den halbrunden Gängen zu beiden Seiten der Säule sind je sieben Bronzestatuen und -reliefs berühmter ungarischer Könige und bedeutender Persönlichkeiten der Landesgeschichte zu sehen.

Auf der rechten Seite stehen Nationalhelden: ganz außen beispielsweise der Revolutionsführer von 1848, Lajos Kossuth, und ganz innen János Hunyadi, der Held der Türkenkriege. Die Kranzniederlegung am Grab des unbekannten Soldaten vor dem Denkmal gehört zum Pflichtprogramm ausländischer Staatsgäste.

Magyarische Stammesfürsten auf dem Sockel des Millenniumsdenkmals

TOUR 8

MUSEEN UND FREIZEITOASEN

VERLAUF: Museum für Bildende Kunst › Kunsthalle › Stadtwäld-chen › Burg Vajdahunyad › Landwirt-schaftsmuseum › Verkehrsmuseum › Széchenyi-Bad › Zoo

KARTE: Seite 112
DAUER: 4–5 Std. reine Gehzeit
PRAKTISCHE HINWEISE:
- Ausgangs- und Endpunkt ist die Metrostation Ⓜ **Hősök ter**.
- Museen, Zoo und Stadtwäldchen sind werktags weniger überfüllt.
- Packen Sie Badesachen ein, denn sommers wie winters lädt das Széchenyi-Bad zum Schwimmen oder Entspannen.

TOUR-START: MUSEUM FÜR BILDENDE KUNST 16 ⭐ 📖 E4

Das Gebäude links vom Millenni-umsdenkmal am Heldenplatz ist das Museum für Bildende Kunst (Szépművészeti Múzeum), das u. a. von Albert Schickedanz im Stil des Neoklassizismus erbaut und 1906 eröffnet wurde. Die renommierte Gemäldegalerie befindet sich im Hauptgebäude, die übrigen Abtei-lungen sind in drei geräumigen Ne-benbauten untergebracht.

Weltweite Beachtung findet die **Galerie Alter Meister** im Oberge-schoss. Den Grundstock der Samm-lung bildet die Wiener Esterházy-Sammlung, die der Staat 1870 aufkaufte. Ein Highlight ist die spa-nische Kollektion, die als umfang-reichste außerhalb der Iberischen Halbinsel gilt. Allein sieben Werke El Grecos, vier Gemälde Goyas so-wie einige von Murillo und Veláz-quez sind zu bewundern. Bedeu-tend sind aber auch die Sammlungen italienischer, niederländischer und flämischer sowie deutscher und ös-terreichischer Meister.

Ansonsten ist vor allem die Skulpturensammlung mit Werken vom 18. Jh. bis heute erwähnens-wert und die Kollektion von Gemäl-den des 20. Jhs. mit Arbeiten von Picasso, Chagall und Kokoschka sowie schon eher zeitgenössischer Vertreter wie Albers, Vasarely, An-thony Caro und Abakanowicz.

Im Erdgeschoss präsentiert das Museum Sonderausstellungen und die Antikensammlung.

Wegen Renovierungsarbeiten ist das Museum mindestens bis 2019 geschlossen, ein Teil der Sammlung ist in dieser Zeit in der Nationalga-lerie im Burgpalast zu sehen (aktu-elle Infos: www.szepmuveszeti.hu).

KUNSTHALLE 17 📖 E4

Auf der gegenüberliegenden Seite des Platzes steht die Kunsthalle (Műcsarnok), ein neoklassizisti-scher Bau mit korinthischen Säulen. Mit den Bauarbeiten wurde im An-schluss an die Millenniumsfeier-lichkeiten begonnen, ausführender Architekt war wiederum Albert Schickedanz. Gezeigt werden im Rahmen von Wechselausstellungen

Einem steinernen Kompendium ungarischer Architektur gleicht die Burg Vajdahunyad

eher kunsthandwerklich orientierte Arbeiten (XIV., Dózsa György út 37, Di–So 10–18, Do 12–20 Uhr, www. mucsarnok.hu).

STADTWÄLDCHEN

Das Stadtwäldchen (Városliget) war seit dem 15. Jh. königliches Jagdrevier. Damals lag es noch inmitten der Donau-Auen als spärlich bewachsenes, schwer zugängliches Sumpfgebiet. Leopold I. vermachte es der Stadt als Weideland; 1799 legte man es trocken und pflanzte Bäume. Das installierte Kanalsystem funktionierte so gut, dass beim großen Hochwasser von 1838 zahlreiche Menschen im Stadtwäldchen Zuflucht vor den Fluten fanden.

Der Park entwickelte sich schnell zum beliebten Ausflugsziel. Auf dem See im Stadtwäldchen kann man im Sommer rudern, im Winter ist er eine Eislaufbahn mit Schlittschuhverleih und Flutlichtbeleuchtung.

ZWISCHENSTOPP: RESTAURANT

Robinson ❸ € ▮ E4

In den Sommermonaten kann man in dem Café-Restaurant im Stadtwäldchen schön am Wasser sitzen.

• XIV. | Városligeti-tó (Teich im Stadtwäldchen | Tel. 422-0222
www.robinsonrestaurant.hu
Tgl. 11–23 Uhr

BURG VAJDAHUNYAD

18 ⭐ ▮ E4

Wendet man sich kurz hinter der Brücke nach rechts, gelangt man auf eine Insel im künstlichen See mit einem der seltsamsten Gebäude der Stadt, der Burg Vajdahunyad. Sie macht den Eindruck eines historischen Bauwerks, ist aber stilistisch ein Fantasiegebilde. Ignác Alpár erbaute sie als hölzernen Pavillon für die Millenniumsfeiern. Er sollte die Geschichte der ungarischen Architektur in einem einzigen Bauwerk darstellen. Alpár löste die Aufgabe so bravourös, dass die Stadtväter beschlossen, sein Werk in Stein nachzubauen.

Das Ensemble besteht aus Teilen von 21 berühmten ungarischen Bauwerken, darunter der originalen Burg Vajdahunyad in Siebenbürgen, der Burg Schässburg, der Katharinen-Bastei von Kronstadt, der Kirche von Ják sowie einer Reihe weiterer Kirchen, Basteien und Paläste. Eröffnet wurde dieses architektonische Kuriosum im Jahre 1904.

Die Skulptur im Burghof stellt Anonymus dar, den unbekannten Verfasser der Gesta Hungarorum, der ersten ungarischen Chronik von 1204. Finanziert wurde das Denkmal 1897 durch eine Spende des deutschen Kaisers Friedrich II.

LANDWIRTSCHAFTSMUSEUM
19 █ E4

Im geräumigen Barockflügel der Burg ist das größte landwirtschaftliche Fachmuseum Europas (Mezőgazdasági Múzeum) untergebracht, dessen Besuch besonders Kindern Spaß macht. Lehrreiche und zugleich unterhaltsame Ausstellungen aus allen Bereichen der Landwirtschaft, der Viehzucht, Fischerei, Jagd und des Weinbaus können besichtigt werden. Ferner werden alte ungarische Haustierarten vorgestellt. Mehr als ein Dutzend alter Dampfpflüge, Mähdrescher und Traktoren sind zu sehen. Stärken kann man sich nach dem Besuch im Museumscafé (XIV., Vajdahunyadvár, Di–So 10–17, Nov.–Febr. Di–Fr 10–16, Sa, So 10–17 Uhr, www.mezo gazdasagimuzeum.hu, 1600 Ft).

VERKEHRSMUSEUM **20** █ F4

Technikfans sollten einen Besuch im Verkehrsmuseum (Közlekedesi Múzeum) in der Nähe einschieben. Auf einer Fläche von 5000 m² sind rund 15 000 Autos, Flugzeuge, Fahrräder, Mopeds, Traktoren, Lokomotiven, Schiffe und sonstige Errungenschaften des Transportwesens und der Technik ausgestellt. Zu den Highlights zählen der königliche Salonwagen von 1884 und ein Speisewagen des Orient-Express. Berühmt ist die große **Modelleisenbahnsammlung** (Városligeti krt. 11, wegen Renovierungsarbeiten bis mindestens 2019 geschl., aktuelle Infos unter www.mmkm.hu).

SZÉCHENYI-BAD **21** ⭐ █ E4

Auf der anderen Seite der durch das Wäldchen führenden Hauptstraße liegt eines der größten und zugleich schönsten Thermalbäder Europas. Auf einer Fläche von über 12 000 m² tummeln sich Tag für Tag Tausende von Touristen und Budapestern – pro Jahr sind es mehr als 2 Mio. Benannt wurde das Széchenyi-Bad nach Graf István Széchenyi, dem Erbauer der Kettenbrücke. 15 Becken, Dampfbäder, Saunen, Massagen, Schlammpackungen, eine Cafeteria zur Stärkung und vieles mehr bietet dieser Thermalbadkomplex.

Das Bad verdankt seine Existenz einem zwischen 1868 und 1878 gebohrten Brunnen, der mit 970 m damals der tiefste der Welt war. Noch heute speist er die Becken, gemeinsam mit einem zweiten, mit 1240 m noch tieferen Brunnen, der

1936 angelegt wurde. Aus diesem sprudelt das mit 75 Grad wärmste Thermalwasser Europas. 1909 wurde die Anlage auf ihre heutigen Dimensionen vergrößert. Die Architekten Győző Czigler und Ede Dvorzsák entwarfen ein Hallenbad und zwei Seitenflügel für die medizinischen Abteilungen. Von 1929 stammen die neobarocke Eingangshalle und die drei schön gefliesten Freibecken. Das mittlere hat ständig eine Temperatur von 38 °C, die beiden anderen von 27 °C (detaillierte Infos zu Preisen und Öffnungszeiten > **Seitenblick S. 78**).

STÄDTISCHER ZIRKUS 22 E4

Hinter dem Bad liegt der städtische Zirkus. Er wurde 1891 gegründet, als der Deutsch-Holländer Ede Wulff den ersten festen Zirkusbau mit 2300 Plätzen errichtete. Der Zirkus hatte von Anbeginn an einen guten Ruf, und die Qualität seiner Darbietungen ist bis heute herausragend geblieben (XIV., Állatkerti krt. 12/A, Vorstellungen wochentags 15 Uhr, am Wochenende 11 und 15 Uhr sowie samstagabends 19 Uhr, Tel. 343-8300, www.fnc.hu, Tickets 1000–4500 Ft, Internationales Budapester Zirkusfestival jedes Jahr Ende Januar).

ZOO 23 E4

Der herrlich angelegte zoologisch-botanische Garten neben dem Zirkus wurde 1866 von dem Reisenden und Ethnologen János Xantus mitbegründet. Mit elf Gebäuden und viel Platz für 500 Tiere war der Zoo zur damaligen Zeit einer der modernsten in Europa. Aus der Zeit von 1905 bis 1912 stammen die Jugendstilbauten wie das moscheeartige Elefantenhaus. 2016 feierte der Zoo sein 150-jähriges Bestehen.

Auf dem Areal sind heute rund 5000 Tiere aus 500 verschiedenen Arten zu bewundern, darunter auch 152 Vogelarten. 2012 konnte ein 100-jähriges Projekt mit Hilfe von EU-Geldern endlich realisiert werden: der **Zauberberg.** Unter einem gewaltigen Kunstfelsen mit einer Gesamtoberfläche von 25 000 m² erwartet große und kleine Besucher ein spannender interaktiver Ausstellungskomplex. In den kommenden Jahren wird der Zoo gewaltig expandieren. In mehreren Etappen übernimmt er das gesamte Gelände des ehemals an ihn angrenzenden Vergnügungsparks (XIV., Állatkerti krt. 6–12, März–Okt. Mo–Do 9–17, Fr–So 9–17.30 Uhr, in den Sommermonaten bis 18.30 bzw. 19 Uhr, Nov.–Febr. tgl. 9–16 Uhr, www.zoo budapest.com, Erw. 3000 Ft, Kinder 2–14 Jahre 2000 Ft).

ZWISCHENSTOPP: RESTAURANT

Zum Abschluss empfiehlt sich ein Blick in eines der attraktivsten Restaurants der Stadt, das **Gundel** 4 €€€ > S. 37 gleich neben dem Zoo. Es herrscht Krawattenzwang im Gourmettempel; im Sommergarten kann man aber in Freizeitkleidung und zu moderaten Preisen speisen. Legendär ist der flambierte Palatschinken. > **mehr S. 15 Punkt 18** Ebenfalls empfehlenswert: der Familienbrunch am Sonntag mit reichhaltigem All-you-can-eat-Buffet und Beschäftigungsangeboten für die kleinen Gäste (11.30–15 Uhr).

TOUR 9

IN DER ELISABETHSTADT

VERLAUF: Große Synagoge › Helden-tempel › Jüdisches Museum › Jüdi-sches Viertel › Gozsdu-Höfe › Neues Theater › Palais New York

---

KARTE: Seite 112
DAUER: 4 Std. zu Fuß
PRAKTISCHE HINWEISE:
- Ausgangs- und Endpunkt liegen nur wenige Gehminuten von den Metrostationen Ⓜ **Astoria** bzw. Ⓜ **Blaha Lujza tér** entfernt.
- Sehenswürdigkeiten sowie tradi-tionelle jüdische Geschäfte und manche koscheren Restaurants sind am Samstag geschlossen.

TOUR-START:
GROSSE SYNAGOGE 24 ⭐ 10 ▌ D6

Ausgangspunkt der Tour ist die Große Synagoge in der Dohány utca: Dieses jüdische Gebetshaus blickt auf eine wechselvolle, mit viel Leid verbundene Geschichte zu-rück. Erbaut wurde es 1854–59 vom Wiener Architekten Ludwig Förster, der auch die Wiener Synagoge er-richtet hatte. Zur Seite standen ihm die ungarischen Architekten Fri-gyes Feszl und József Hild. Sie schu-fen einen Sakralbau im romanti-sierenden Stil mit maurischen Elementen. Farbige Fayencen und ein filigranes Gesims lockern die weiß-rote Ziegelfassade auf (VII., Dohány u. 2, März, April und Okt. So–Do 10–18, Fr 10–16, Mai–Sept. So–Do 10–20, Fr 10–16, Nov.–Febr. So–Do 10–16, Fr 10–14 Uhr, Sa, Fei geschl., nähere Infos unter www. jewishtourhungary.com, 4000 Ft).

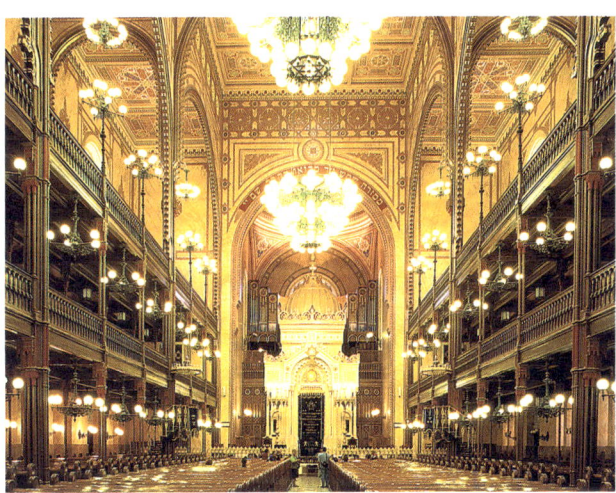

Die Synagoge in der Dohány utca ist Europas größtes jüdisches Gebetshaus

Angesagte Cafés und Kneipen erfüllen die Kazinczy utca zu jeder Tageszeit mit Leben

HELDENTEMPEL

Angrenzend an die Große Synagoge wurde 1929 bis 1931 nach Plänen von László Vágó und Ferenc Faragó ein Seitengebäude angefügt, der Heldentempel für die im Ersten Weltkrieg gefallenen Soldaten jüdischen Glaubens. Zuvor stand an dieser Stelle das Geburtshaus von Theodor Herzl, dem Begründer des Zionismus.

In einem von Arkaden gesäumten Garten nebenan sind Hunderte jüdische Opfer beerdigt, die 1944/45 im Getto ums Leben kamen. Die **Silberne Trauerweide** im zweiten Hof, eine Metallskulptur des Bildhauers Imre Varga › S. 132, ist ein Symbol dieses unfassbaren Leids. Auf den Blättern des silbrig schimmernden Baumes steht jeweils der Name eines Opfers geschrieben. Gestiftet wurde das Denkmal von Hollywood-Schauspieler Tony Cur-

tis, selbst ungarisch-jüdischer Abstammung. Er unterstützte auch das Pikler-Institut, ein Kinderheim.

JÜDISCHES MUSEUM

Während der Nazizeit fungierte das der Synagoge angeschlossene Gebäude als Wohnheim für Zwangsarbeiter. 1947 wieder eröffnet, verfügt das Museum über eine außerordentlich wertvolle Judaica-Sammlung. Die Ausstellungen zeigen liturgische Gegenstände, die das Brauchtum jüdischer Feste illustrieren, und dokumentieren die Geschichte des Holocausts in Ungarn (Zeiten und Infos wie Synagoge).

JÜDISCHES VIERTEL 25 📖 C/D6

Der Wesselényi utca folgend gelangt man in das Viertel, das seit Jahrhunderten ein Siedlungsschwerpunkt der Budapester Juden war und 1944 zum Getto deklariert wurde. Hierher wurden Juden aus allen Stadtteilen deportiert und fristeten auf engstem Raum ein erbärmliches Dasein. Heute ist das jüdische Viertel das beliebteste Ausgehviertel der Stadt. In der Rumbach Sebestyén utca 11 steht eine von Otto Wagner erbaute **Synagoge,** die nicht mehr genutzt wird. Das marode Gebäude soll in Zukunft (wieder) eine Funktion im sakralen und/oder kulturellen Bereich erhalten.

Geführte Spaziergänge durch das jüdische Viertel mit seinen besonderen Sehenswürdigkeiten bieten mehrere Veranstalter an, empfehlenswert sind z.B. die Jewish Heritage Walking Tours (2,5 oder 3,5–4 Std., Buchung online unter www.jewish.hu).

Ende August bis Anfang September wird das **Jüdische Sommerfestival** veranstaltet mit Auftritten weltberühmter Interpreten, Komponisten und Dirigenten sowie Budapester Klezmer-Bands (Infos unter www.jewishfestival.hu).

Die Vielfalt jüdischer Küche präsentiert sich auf dem Kultur- und Gastrofestival **Judafest** im Juni in der Kazinczy utca (Infos unter www.judafest.org).

💬 JUDEN IN BUDAPEST

In Budapest lebt eine der größten jüdischen Gemeinden Mitteleuropas; 25 aktive Synagogen und Bethäuser gibt es im Stadtgebiet. Die ersten jüdischen Kaufleute ließen sich im 13. Jh. in Buda nieder. Eine gesellschaftliche Integration der Juden begann jedoch erst um 1800. Ab 1840 war es ihnen erlaubt, Grundbesitz zu erwerben. Nachdem im Zuge der bürgerlichen Entwicklung Europas im 19. Jh. auch den Juden in Ungarn die vollständige Gleichstellung gewährt wurde, übernahmen sie eine entscheidende Rolle in der aufblühenden Kultur und Wirtschaft des Landes. In dieser Zeit begann die dynamische Entwicklung der Pester Elisabethstadt.

In Ungarn wurden bereits in den 1920er-Jahren erste, später allerdings wieder zurückgenommene Judengesetze erlassen; sie resultierten u. a. in einer Begrenzung der Zahl jüdischer Studenten an den Universitäten. Nach dem Anschluss Österreichs an Nazi-Deutschland 1938 wuchs Hitlers Einfluss in Ungarn weiter. Mit dem Einmarsch der Deutschen am 19. März 1944 verschärfte sich die Judenverfolgung. Fast die gesamte jüdische Landbevölkerung wurde in die Vernichtungslager gebracht. Hingegen konnte ein Großteil der Budapester Juden gerettet werden und erlebte den Einmarsch der Roten Armee im Januar 1945 als Befreiung.

In der Zeit der Volksrepublik gaben viele ihre jüdische Identität auf, denn das kommunistische Ungarn war ein atheistischer Staat. Die Große Synagoge verfiel, Traditionen wurden kaum noch gepflegt. Nach 1990 setzte in Budapest eine Renaissance jüdischer Kultur ein, der eine wachsende Zahl jüdischer Einrichtungen im ganzen Lande entspricht.

ZWISCHENSTOPP: RESTAURANTS

Carmel ❺ €€ 🍴 D6

Gehobenes Restaurant mit koscherer Küche: ungarische und jüdische Spezialitäten, viel Geflügel und Fisch.

• VII. | Kazinczy u. 31 | Tel. 322-1834
  www.carmel.hu
  So–Do 12–23, Fr, 12–14 Uhr, nach Vorbestellung Sabbatmenü

Restaurant Spinoza ❻ €€ 🍴 D6

Das gemütliche Lokal ist zugleich Restaurant, Café und Kleinkunstbühne. Günstige Mittagsmenüs, jeden Freitagabend Klezmerkonzerte.

• VII. | Dob u. 15 | Tel. 413-7488
  www.spinozahaz.hu
  Tgl. 8–23 Uhr

SHOPPING

Konditorei Frőhlich 🍴 D6

Naschmäuler können sich in der koscheren Konditorei mit Leckereien wie Flódni versorgen. › mehr S. 14 Punkt ⓭

• VII. | Dob u. 22 | Tel. 266-1733
  www.frohlich.hu
  Mo–Do 9–18, Fr 9–14, So 10–18 Uhr

GOZSDU-HÖFE 26 🍴 C6

Die Dob utca (Nr. 16) und die Király utca (Nr. 13) werden durch einen sehenswerten Hofkomplex aus dem 19. Jh. miteinander verbunden. Die Gozsdu-Höfe – benannt nach dem rumänisch-ungarischen Juristen und Politiker Manó Gozsdu, dessen Stiftung ihre Erbauung finanzierte – umfasst sieben Häuser und sechs Innenhöfe. Die ursprünglich als repräsentative Wohnanlage konzipierten Höfe sind heute eine angesagte Ausgehmeile mit schönen Cafés, Restaurants und Geschäften.

NEUES THEATER 27 🍴 C6

Der Weg folgt der Király utca stadtauswärts. Weiter geht es links in die Székely Mihály utca, dann rechts in die Paulay Ede utca bis zur Ecke Dalszínház utca. Hier steht das Neue Theater, 1909 erbaut als »Bar Parisiana« im Art-déco-Stil mit Ballsaal und Wintergarten. In den 1920er-Jahren hatten hier mehrere Tanzpaläste und Revuetheater ihr Publikum. 1989/90 wurde die Bühne originalgetreu restauriert. Ein Schmuckstück ist das reich verzierte Dach › Abb. S. 123. 2012 wurde der bekennende Rechtsradikale György Dörner zum Intendanten bestellt, der mit seinen konservativen Interpretationen von Stücken ungarischer Autoren dem Ruf des Theaters erheblich schadete.

RUND UM DEN KLAUZÁL TÉR
28 🍴 D6

Vom Theater ist es nicht weit zum Klauzál tér, der einst das Zentrum des Gettos bildete. Heute ist er eine Grünfläche, auf der Kinder spielen und Anwohner ihre Hunde Gassi führen. Auf der Ostseite steht eine historische Markthalle mit Gourmet-Imbissständen, einigen Händlern und einem Supermarkt.

ZWISCHENSTOPP: RESTAURANT

Kádár ❼ € 🍴 D6

Neben der Markthalle serviert die kleine jüdische Kantine Deftiges. Eine Spezialität ist gekochtes Rindfleisch mit verschiedenen Soßen auf Basis von Äpfeln, Kirschen, Stachelbeeren oder Gemüse.

• VII. | Klauzál tér 9 | Tel. 321-3622
  Di–Sa 11.30–15.30 Uhr

Art-déco-Zier am Dach des Neuen Theaters

KÜNSTLERKLUB 29 ▐ D6

An der Ecke Dob utca/Kertész utca residiert seit 1901 der alteingesessene Künstlerklub Fészek. Um 1890 im Stil des Neobarock errichtet, war das Gebäude eines der prunkvollsten im Viertel. Rauschende Feste wurden hier gefeiert und international bedeutende Künstler bewirtet; an warmen Tagen tafelte man in einem Innenhof toskanischen Stils, im Winter im pompösen Ballsaal. Heute werden im Künstlerklub Lesungen, Ausstellungen und Konzerte veranstaltet; es gibt eine Café-Bar und ein Restaurant (www.feszek-muveszklub.hu).

ZWISCHENSTOPP: RESTAURANT

La Bodeguita del Medio 8 €€ ▐ D6
Im romantischen Hof des Restaurants im Haus des Künstlerklubs speist man im Sommer unter Bäumen. Günstige 3-Gang-Menüs mit üppigen Portionen.

• VII. | Dob u. 57 | Tel. 20-388-2738
www.labodeguitadelmedio.hu
Mo–Do 17–1, Fr, Sa 12–3, So 12–1 Uhr

PALAIS NEW YORK 30 ★ ▐ D6

Der Spaziergang neigt sich mit einer Reminiszenz an die goldene Vergangenheit Budapests seinem Ende zu. Nun ist es nicht mehr weit zum Großen Ring, wo das bei Literaten und Schöngeistern einst so beliebte Kaffeehaus »New York« seinen Sitz hat. Es nimmt das Parterre des Palais New York in Beschlag, das Alajos Hauszmann 1891–1895 im Auftrag einer Versicherung erbaute und in dem über Jahrzehnte Verlage und Zeitungsredaktionen arbeiteten. Das gleichnamige Luxushotel ist heute ein beliebter Treff der Budapester High Society (VII., Erzsébet krt. 9–11, tgl. 9–24 Uhr, Tel. 886-6111, www.newyorkcafe.hu ▸ S. 30, 86).

DONAUINSELN, ÓBUDA & AQUINCUM

Kleinstadtatmosphäre verbreitet
der Fő tér, Óbudas Hauptplatz

Nach einem Spaziergang über die Margareteninsel mit ihren vielfältigen Freizeitmöglichkeiten geht es durch das alte Óbuda mit den eindrucksvollen Überresten der Römerstadt Aquincum und einigen in den letzten Jahren schön sanierten Museen.

Nördlich der Budapester Innenstadt liegen zwei Inseln in der Donau, deren Geschichte und Funktion nicht unterschiedlicher sein könnte. Die bezaubernde Margareteninsel war von jeher eine Stätte der Besinnung und Erholung. Hier befand sich auch das Kloster, in dem im 13. Jh. die später heilig gesprochene Margarete, eine ungarische Königstochter, als Nonne lebte. Nach ihr wurde die Insel benannt. Schon zur Zeit der Romantik entdeckte man die Insel als Freizeitparadies.

Die nördlich der Árpad-Brücke gelegene Óbudaer Insel, von 1885 bis Anfang der 1990er-Jahre Standort einer großen Flusswerft, verdankt ihre Bekanntheit einem der weltgrößten Musik-Openair-Events, dem Sziget-Festival.

Der Stadtteil Óbuda war bis 1873 eine eigenständige Stadt und insbesondere im 18. Jh. auch ein beliebter Wohnort deutscher Einwanderer, die den Ort »Altofen« nannten. Bereits die Römer waren 89 n. Chr. hierher gekommen, um eine Garnison zu errichten. Die strategisch günstige und idyllische Lage an der Donau gefiel ihnen wohl, denn sie gründeten wenig später die Militär- und Bürgerstadt Aquincum.

Heute strahlt Óbuda auf den ersten Blick alles andere als Idylle aus. Doch es lohnt sich, zwischen den Plattenbauklötzen im sozialistischen Stil auf Entdeckungsreise zu gehen. Immer wieder trifft man auf Monumente der römischen Kultur. Um den zentralen Platz Fő tér herum blieb ein schönes Stück der barocken Altstadt erhalten, darunter das Schloss der Grafenfamilie Zichy, die nach der Befreiung von den Osmanen Herren von Óbuda wurden. Es gibt eine Reihe interessanter, in den letzten Jahren sanierter Museen. Keinesfalls versäumen sollte man das Vasarely-Museum mit Werken des weltbekannten ungarischstämmigen Op-Art-Künstlers.

Ein Barockkloster beherbergt das Kiscelli-Museum mit Kunst des 18. und 19. Jhs.

TOUREN IN DEN VIERTELN

TOUR
10

MARGARETENINSEL

VERLAUF: Rosengarten > Freilichtbühne > Japanischer Garten >
Palatinus-Freibad

KARTE: Seite 127
DAUER: 3 Std. zu Fuß
PRAKTISCHE HINWEISE:
- Zum Ausgangs- und Endpunkt
  fährt Bus Nr. 26 von der Metrostation Ⓜ **Nyugati pályaudvar** in
  5 Min., oder man geht zu Fuß von
  der Mitte der Margaretenbrücke
  hinab auf die Insel, die Straßenbahnlinien 4 und 6 halten dort.
- Privater Autoverkehr ist auf der
  Insel nicht zugelassen.

Dieser Spaziergang führt rund um
die 2,5 km lange und bis zu 500 m
breite Margareteninsel. Wer mag,
kann zwischendurch in einem der
Cafés einkehren oder in den Sommermonaten im Palatinus-Freibad
einen Sprung ins kühle Nass wagen.
Eine weitere Attraktion ist das
Grand Hotel Margitsziget mit Thermalbad und Wellnesseinrichtungen. Hier lässt sich problemlos ein
ganzer Tag verbringen.

Auf der Margareteninsel warten
spezielle Fahrrad-Rikschas auf
Unternehmungslustige, die Brin-
góhintós. Diese Pedalfahrzeuge sind
für zwei bis vier Personen geeignet;
man kann auf den kurvenreichen
Wegen in den Parks fahren und so
ganz bequem die Insel kennenler-
nen. Man findet mehrere Verleih-
stellen über die ganze Insel verteilt
(tgl. 8 Uhr bis Sonnenuntergang,
30 Min. 2680 Ft, 60 Min. 3980 Ft,
www.bringohinto.hu).

Budapests grüne Lunge ist die autofreie Margareteninsel

GESCHICHTE

Schon die Römer bewohnten das Eiland und nutzten seine Thermalquellen; man fand Münzen und Grabsteine aus jener Zeit. Im 12. Jh. errichteten die Franziskaner eine kleine Kirche, ebenso wie die Dominikanerinnen 100 Jahre später. Im angeschlossenen Kloster lebte Margarete, eine Tochter von König Béla IV., nach der die Insel benannt wurde. Sie war die Nichte der heiligen Elisabeth von Thüringen. Bis zum Einfall der Osmanen im 16. Jh. war die Grabkapelle der später heilig gesprochenen Margarete ein Wallfahrtsort.

Die goldene Zeit der Insel begann jedoch erst zur Zeit der Romantik im 18. und 19. Jh. Die Margareteninsel wurde zu einem Mekka der Dichter und Denker, man baute eigens ein kleines Hotel, in dem viele Literaten und Künstler der damaligen Zeit wohnten. Auch Richard Wagner soll sich hier Inspirationen für seinen »Parsifal« geholt haben. Für die Öffentlichkeit wurde die Insel 1869 zugänglich, nachdem man ein Kurbad erbaut hatte.

TOUR ÜBER DIE MARGARETENINSEL

TOUR ❸

MARGARETENINSEL

1 Springbrunnen
2 Rosengarten
3 Freilichtbühne
4 Prämonstratenserkloster
5 Japanischer Garten
6 Palatinus-Strandbad

TOUR-START:

SPRINGBRUNNEN 1 🏛 B4

Der Spaziergang beginnt an der Südspitze, und zwar beim großen Springbrunnen mit der Fontäne. Hier finden im Sommer zwischen 11 und 21 Uhr jeweils zur vollen Stunde Wasserspiele zu einer kruden Musikmischung statt: Der Brunnen spielt nachmittags Kinderlieder, in den Abendstunden Brahms, Andrea Bocelli und Guns N' Roses.

Einmal stündlich läuft der Musikbrunnen im Süden der Margareteninsel zur Hochform auf

ROSENGARTEN 2 🔖 C3

Weiter geht es am Ostufer entlang bis zum herrlich duftenden Rosengarten. Er war bereits um 1800 von einem Mönch angelegt worden, fiel aber später einer Überschwemmung zum Opfer. Heute kann man dort mehr als 2500 verschiedene Rosensorten bewundern. Daneben ist ein kleiner **Wildpark** mit Reitmöglichkeit für Kinder eingerichtet. Etwas weiter östlich liegen die Rui-

> ### 💬 SPORT
>
> Beliebt ist die Insel bei Sportlern, insbesondere bei Läufern.
> › mehr S. 12 Punkt ❶ Wen es im Winter in die Fluten treibt, der sollte das südlich gelegene **Alfréd-Hajós-Schwimmbad** besuchen oder im **Grand Hotel Margitsziget** die modernen Wellnesseinrichtungen nutzen (Anmeldung erforderlich!).

nen des Dominikanerinnenklosters, in dem König Bélas Tochter Margarete zurückgezogen lebte.

FREILICHTBÜHNE 3 🔖 C3

Viel los ist auf der Freilichtbühne, die 2500 Besuchern Platz bietet, beim Budapester Sommerfestival. An warmen Abenden ist es ein unvergessliches Erlebnis, hier unter klarem Sternenhimmel ein klassisches Konzert oder eine Oper zu hören. Der die Freilichtbühne überragende historische **Wasserturm** wurde saniert und besitzt nun eine Aussichtsplattform, im Inneren werden wechselnde Fotoausstellungen gezeigt (Mitte Juni–Sept. bei schönem Wetter tgl. 10–19 Uhr, www. szabadter.hu, 600 Ft).

PRÄMONSTRATENSER-KLOSTER 4 🔖 C2

Vom Kloster aus dem 12. Jh. sind noch die Südwand original erhalten sowie ein Turm, in dem die älteste

Glocke Ungarns aus dem 14. Jh. hängt. Unter den Wurzeln eines Nussbaums vergraben, hat sie sogar den Einmarsch der Osmanen im Jahre 1541 überstanden.

1931 wurde die romanische Klosterkirche rekonstruiert. Daneben verläuft die sogenannte Künstlerpromenade. Hier sind auf einem weiten Areal verstreut die Büsten bedeutender ungarischer Dichter, Maler, Architekten und Musiker zu sehen, darunter auch jene von Bartók, Liszt und Petőfi.

JAPANISCHER GARTEN 5 📖 C2
Der Weg führt zur Nordspitze der Insel. Hinter den beiden Kurhotels erstreckt sich der Japanische Garten, eine kleine, verträumte Felsenanlage mit einem Seerosenteich, den heißes Quellwasser speist.

PALATINUS-FREIBAD 6 📖 B/C3
Man kann auf dem Hauptweg zum Startpunkt zurückgelangen, vorbei am Palatinus-Bad, dem größten Thermal-Freibad der Stadt. Es locken elf Becken – darunter ein Wellenbad –, Wasserrutschen und Freizeitanlagen. Im Wellenbecken gibt es zu bestimmten Terminen Surf-Vorführungen und Unterricht (tgl. 8–20 Uhr, www.palatinusstrand.hu, Mo–Fr 3100 Ft, Sa, So 3500 Ft).

Champs Sziget €€ 📖 B4
In der Sommersaison sitzt man gemütlich im Biergarten direkt an der Joggingbahn am Donauufer.
• Tel. 20-471-0029 | www.champssziget.hu
  Tgl. 12–24 Uhr

TOUR 11
AUF DEN SPUREN DER RÖMER

VERLAUF: Amphitheater des Militärlagers › Kiscelli-Museum › Bad der Militärstadt › Imre-Varga-Sammlung › Schloss Zichy › Aquincum › Hercules-Villa › Óbudaer Insel

---

KARTE: Seite 131
DAUER: 5–6 Std. zu Fuß und mit öffentlichen Verkehrsmitteln
PRAKTISCHE HINWEISE:
• Startpunkt ist die Bushaltestelle Nagyszombat utca (Linie 9 aus der Pester Innenstadt, Linie 109 vom Batthyány tér) bzw. die Haltestelle Katinyi mártírok parkja der Straßenbahnlinien 17, 19 und 41. Von der Haltestelle Nagyszombat utca weiter mit dem Bus zur Haltestelle Flórián tér, von dort zu Fuß zum Főtér (Altstadt, Museen), mit der HÉV ab Station Szentlélek tér zur Station Aquincum.
• Rückfahrt mit der HÉV bis Station Filatorigát (Sziget-Besuch bzw. Hercules-Villa), weiter mit der HÉV zum Batthyány tér

TOUR-START:
AMPHITHEATER DES MILITÄRLAGERS 7 📖 B2
Der Weg beginnt beim recht gut erhaltenen Amphitheater im südlichen Óbuda. Es stammt aus dem 2. Jh. nach Chr. Auf den Tribünen

fanden bei Gladiatorenkämpfen bis zu 12 000 Personen Platz (III., Ecke Nagyszombat utca/Pacsirtamező utca, frei zugänglich).

Auf dem Weg Richtung Norden passiert man ausgedehnte Plattenbausiedlungen: In den 1970er-Jahren wurde das alte Óbuda bis auf wenige Straßenzüge dem Erdboden gleichgemacht. Nur zwei Kirchtürme östlich der viel befahrenen Pacsirtamező utca erinnern an die frühere Kleinstadt. Der heute blaugrün-weiß gestrichene Plattenbaublock am Flórián tér ist das größte Wohngebäude Ungarns. Es wird im Volksmund »faluház« (»Dorfhaus«) genannt, weil die Einwohner eines ganzen Dorfes Platz darin hätten.

KISCELLI-MUSEUM 8 ◧ B1

Ein Abstecher auf der Kiscelli utca Richtung Westen führt zum schön sanierten Kiscelli-Museum in den Räumen eines Klosters aus dem 18. Jh. Seinen Namen (deutsch: Kleinzell, ursprünglich Klein-Mariazell) verdankt es dem Umstand, dass es eine Kopie des Gnadenbilds des österreichischen Wallfahrtsorts Mariazell besaß. Die Dauerausstellung zeigt barocke Skulpturen, Gemälde aus dem 19. und 20. Jh., Jugendstilmöbel, Pester Ladenschilder und Druckerpressen. Auf einer der Pressen wurden im Jahr 1848 revolutionäre Aufrufe gedruckt. Die ehemalige Klosterkirche wird für Konzerte und Wechselausstellungen zeitgenössischer Kunst genutzt (Kiscelli u. 108, April–Okt. Di–So 10–18, Nov.–März 10–16 Uhr, www.kiscellimuzeum.hu, 1600 Ft).

MILITÄRSTADT

Am Flórián tér liegen unterhalb der Straßenüberführung die Überreste der römischen Militärstadt. Kaiser Domitian ließ sie 89 n. Chr. für über 6000 Legionäre bauen, die die nordöstliche Grenze des Römischen Reiches zu verteidigen hatten. Die Häuser waren für damalige Verhältnisse sehr komfortabel eingerichtet.

Im Jahre 1778 fand der Archäologe István Schönwiesner Fragmente einer Fußbodenheizung. Weiterhin legte er eine 1120×140 m große öffentliche **Badeanlage** 9 ◧ B1 frei, die vermutlich Ende des 1. Jhs. n. Chr. gebaut worden war. Die Soldaten der 2. Legion Adiutrix konnten sich der heilsamen Wirkung von kaltem, lauwarmem und heißem Mineralwasser erfreuen. Das Bad war von einer offenen Säulenhalle überdacht und reich mit Wandmalereien, Skulpturen und Mosaiken verziert. Vom Militärbad und der Siedlung sind heute nur noch Reste eines Wohnhauses und der südliche Abschnitt mit einem Tor erhalten.

TOUR DURCH ÓBUDA UND AUF DIE ÓBUDAER INSEL

TOUR ⑪

AUF DEN SPUREN DER RÖMER

7 Amphitheater
8 Kiscelli-Museum
9 Bad der Militärstadt
10 Imre-Varga-Sammlung
11 Schloss Zichy
12 Aquincum
13 Hercules-Villa
14 Óbudaer Insel

Aquincum war die Hauptstadt der römischen Provinz Pannonia Inferior

IMRE-VARGA-SAMMLUNG

`10` ▮ B1

Nördlich der Árpád-Brücke ist der alte Hauptplatz Óbudas erhalten geblieben, der von historischen Bauten gesäumte Fő tér. In seiner Nordostecke fällt Imre Vargas bronzene Figurengruppe »Spaziergängerinnen mit Schirm« ins Auge. Nur Schritte entfernt gibt die Sammlung des zeitgenössischen Bildhauers › S. 120 einen Überblick über sein künstlerisches Schaffen (III., Laktanya utca 7, April–Okt. Di–So 10–18, Nov.–März Di–So 10–16 Uhr, www.budapestgaleria.hu, 800 Ft).

🗪 SEIDE & PERLMUTT

Noch heute sind in Budapests Gärten und an Straßen vielerorts Maulbeerbäume zu sehen, die in der Vergangenheit zur Seidenraupenzucht gebraucht wurden. Óbuda war ein wichtiges Zentrum der Seidenspinnerei in Ungarn. Die Seide aus Altofen war im 18. und 19. Jh. europaweit berühmt, ebenso wie die Perlmuttknöpfe, die aus den Schalen der Donaumuscheln hergestellt wurden.

SCHLOSS ZICHY `11` ▮ B1

Das Schloss an der Ostseite des Fő tér (Haus Nr. 3) wurde 1746–1757 von der Großgrundbesitzerfamilie Zichy erbaut. Die hier residierende Linie des gräflichen Geschlechts war bekannt für ihren ausschweifenden Lebensstil; in dem Rokokoschlösschen wurden wilde Feste gefeiert. Schauplatz waren die neobarocken Nebengebäude des Schlosses. Im Haupthaus befanden sich einst die Wohn- und Wirtschaftsräume.

Im Südflügel ist das sehenswerte **Vasarely-Museum** untergebracht, benannt nach dem im südungarischen Pécs geborenen Maler Győző Vásárhelyi, der es unter dem Künstlernamen Victor Vasarely in Paris zu Weltruhm brachte. Er begründete die Op-Art, die mit geometrischen Formen und optischer Täuschung spielt. 400 seiner Werke sind im Museum ausgestellt (III., Szentlélek tér 6, Di–So 10–17.45 Uhr, www.vasarely.hu, 600 Ft). › mehr S. 16 Punkt **28**

Außerdem im Schloss untergebracht: das **Lajos-Kassák-Gedächtnismuseum** mit einer Dokumentation über den anarchistischen Schriftsteller und Maler sowie das **Heimatgeschichtliche Museum.**

ZWISCHENSTOPP: RESTAURANT

Új Sipos Halászkert ❶ €€ 📘 B1

Das Restaurant ist bekannt für seine Donau-Fischspezialitäten. Bei gebackenen Karpfenfilets kann man den hübschen Innenhof genießen.

• III. | Fő tér 6 | Tel. 388-8745
  www.ujsipos.hu
  Mo–Fr 12–23, Sa, So 12–24 Uhr

AQUINCUM **12** ⭐

Etwa 2 km nördlich der Militärstadt liegt an der Straße nach Szentendre die größte in Ungarn freigelegte Römersiedlung. Hier lebten Anfang des 2. Jhs. n. Chr. bis zu 60 000 Menschen, darunter viele Handwerker und Händler, die aus allen Teilen des Reiches herbeigereist kamen, um sich hier niederzulassen und die Versorgung der Truppen zu übernehmen. Im Jahr 124 n. Chr. verlieh Kaiser Hadrian den Bewohnern von Aquincum die Bürgerrechte und der Bäderstadt den Status eines Municipiums. 194 n. Chr. erhielt sie von Kaiser Septimius Severus sogar den Rang einer römischen Colonia. Aquincum fungierte bis 400 n. Chr. als Hauptstadt der römischen Provinz Pannonia Inferior.

Betritt man die Ruinenstätte durch den **Eingang** Ⓐ, kann man

Ⓐ Eingang
Ⓑ Weg
Ⓒ Basilika
Ⓓ Badehaus
Ⓔ Markthalle
Ⓕ Arkaden (ehemals Ladengalerie)
Ⓖ Wohnhäuser
Ⓗ Wohnhäuser
Ⓘ Mosaikfußboden
Ⓙ Mithras-Heiligtum
Ⓚ Doppelbad
Ⓛ Museum Aquincum

Römische Büste aus dem 1. Jh. nach Chr.
im Museum von Aquincum

sich kaum vorstellen, welch ein Leben hier vor 2000 Jahren herrschte. Auf dem original gepflasterten **Weg** Ⓑ rumpelten einst die Ochsenkarren der Bauern und Lieferanten. Vorbei ging es an der **Basilika** Ⓒ und einem **Badehaus** Ⓓ, bevor sich die Geschäftsleute in der **Markthalle** Ⓔ und der **Ladengalerie** Ⓕ mit frischen Waren aus dem Umland versorgten. Die Markthalle lag auf dem Schnittpunkt der Hauptstraßen, die vier Stadttore miteinander verbanden. Hier befanden sich auch die Werkstätten vieler Handwerker, Bäckereien, Metzgereien und Fischläden.

Auffallend sind die großen **Wohnhäuser** Ⓖ, Ⓗ von denen bis heute Reste erhalten sind. Teile eines **Mosaikfußbodens** Ⓘ, mit de-

nen damals viele Häuser opulent ausgestattet waren, sind vor dem teilweise erhaltenen **Mithras-Heiligtum** Ⓙ zu sehen. Nicht weit davon entfernt liegt das ehemalige **Doppelbad** Ⓚ.

MUSEUM AQUINCUM Ⓛ

Am besten besucht man zuerst das Museum, um einen Eindruck vom Leben in der damaligen Zeit zu gewinnen. Ausgestellt sind vor allem Keramik, Statuetten, Gemmen, Münzen, Schmuck und Werkzeuge. Eine Rarität ist die Wasserorgel, die vermutlich aus dem 3. Jh. n. Chr. stammt und so gut erhalten ist, dass sie sogar klangliche Rekonstruktionen ermöglichte (III., Szentendrei út 135, Archäol. Park April–Okt., sonst bei trockenem Wetter Di–So 9–18 Uhr, Ausstellung April–Okt. Di–So 10–18, Nov.–März 10–16 Uhr, www.aquincum.hu, April–Okt. 1600 Ft, Nov.–März 1000 Ft).

HERCULES-VILLA 🄳

Man kann nun mit der HÉV zwei Stationen zurück fahren, um die Hercules-Villa zu besichtigen. Dies ist aber nur archäologisch Interessierten zu empfehlen, denn für Laien gibt es hier nicht viel zu sehen. Glanzstück ist ein Fußbodenmosaik vom Beginn des 3. Jhs., das den Kampf zwischen Herkules und dem Kentauren Nessos darstellt – es ist allerdings nur in Fragmenten erhalten (III., Meggyfa utca 21, Ende April–Ende Okt. So 11–13 Uhr, www.aquincum.hu, Eintritt frei).

Zwei Straßenecken südwestlich finden sich an der Ecke Raktár utca/

Körte utca mitten auf einer Verkehrsinsel die Ruinen einer frühchristlichen Grabkapelle (*Cella trichora*, frei zugänglich).

Mehr über die römische Geschichte im Karpatenbecken erfährt man im Nationalmuseum ›S. 94. Dort ist im **Lapidarium** die bedeutendste antike Steinsammlung in ganz Ungarn zu besichtigen – besonders eindrucksvoll sind die Marmorsarkophage und Inschriften. Die archäologischen Funde gelten als wichtige Quellen der europäischen Geschichte.

ÓBUDAER INSEL 14 ⭐ C1

Von der HÉV-Station Filatorigát aus erreicht man zu Fuß in wenigen Minuten die nördliche Brücke zur Óbudaer Insel, bis ins 20. Jh. Standort einer der bedeutendsten Fluss-

werften Europas. In den Park- und Sportanlagen geht es das Jahr über meist geruhsam zu. Für eine Woche im August beim **Sziget Festival** verwandelt sich die Insel jedoch in ein großes Festivalgelände, wo auf 60 Bühnen neben Newcomern auch Stars von Weltrang auftreten (Programminformation und Ticketbestellung unter www.sziget.hu).

Das erste Sziget Festival fand 1993 unter dem Namen »Studenteninsel« statt und war ein Ereignis von eher mäßiger Bedeutung. Seither ist die Besucherzahl auf jährlich rund 400 000 gestiegen und das Sziget avancierte zu einem der größten Musikfestivals in Europa.

Mehr als 1000 Künstler treten auf und liefern ein vielfältiges Programm mit Pop-, Rock- und Weltmusik-Live-Acts.

Während des Sziget-Festivals im August befindet sich Budapest im Ausnahmezustand

AUSFLÜGE & EXTRA-TOUREN

Neben Statuen aus der Zeit des Sozialimus ist im Memento Park auch ein originaler Trabant ausgestellt

AUSFLÜGE

SISI-SCHLOSS GÖDÖLLŐ **1** ⭐

VERLAUF: Budapest › Schloss Gödöllő

KARTE: Seite 138
DAUER: 4 Std.
PRAKTISCHE HINWEISE:
- Mit dem Auto über die Autobahn M 3 Richtung Nordosten, ca. 30 Min.
- Mit der Ⓜ 2 zur Station Örs vezér tere, von dort mit der HÉV nach Gödöllő-Szabadság tér, ca. 45 Min.
- April–Okt.Mo–Do 9–17, Fr–So 10–18, Nov.–März Mo–Do 10–16, Fr–So 10–17 Uhr, aktuelle Öffnungszeiten unbedingt vor dem Besuch im Internet prüfen, 2600 Ft

Wichtigste Sehenswürdigkeit der kleinen Stadt Gödöllő ist das **Königliche Schloss**. Der Barockbau mit 28 ha großem **Park** wurde im 18. Jh. für Graf Antal Grassalkovich I. errichtet, einen Vertrauten Maria Theresias, und trug ursprünglich dessen Namen. Berühmtheit erlangte es dadurch, dass es ab 1867 zur bevorzugten Residenz der österreichischen Kaiserin und ungarischen Königin Elisabeth (»Sisi«) wurde. Hierher flüchtete sie vor der strengen Etikette des Wiener Hofs. Schon kurz nach ihrem gewaltsamen Tod im Jahr 1898 wurde ein **Gedenkpark** für sie angelegt. › mehr S. 12 Punkt **5**

Nach dem Zweiten Weltkrieg zunächst als sowjetische Kaserne und später als Altersheim genutzt, wird das Schloss seit Mitte der 1990er-Jahre renoviert. Der Hauptteil ist heute wieder zugänglich und vermittelt einen lebendigen Eindruck vom Lebensalltag der königlichen Familie. Im Rahmen des Museumsbesuches können die **Königin-Elisabeth-Gedenkausstellung**, das detailgetreu rekonstruierte **Barocktheater** und der **Pavillon auf dem Königshügel** mit Porträts der ungarischen und österreichischen Herrscher besichtigt werden.

INFO
Gödöllői Királyi Kastély
- 2100 Gödöllő | Ady Endre sétány
  Tel. 28-430-864
  www.kiralyikastely.hu

Sisi-Porträt in Schloss Gödöllő

MEMENTO PARK 2

VERLAUF: Budapest › Memento Park
(Szoborpark)

KARTE: Seite 138
DAUER: 4–5 Std.
PRAKTISCHE HINWEISE:
- Anreise mit dem Shuttlebus von
  der Metrostation Ⓜ **Deák Ferenc
  tér** tgl. 11 Uhr, Rücktransfer um
  13 Uhr, Kartenverkauf vor Ort.
- Mit öffentlichen Verkehrsmitteln:
  Von der Endstation Ⓜ **Kelenföld
  vasútállomás** der U-Bahn-Linie M4
  mit Bus 101B, 101E oder 150 bis Hal-
  testelle »Memento Park«.
- Mit dem Auto fährt man auf Land-
  straße 7 in Richtung Érd, ca. 20 Min.
  Der Park ist ausgeschildert (Me-
  mento Park oder Szoborpark).
- Öffnungszeiten: tgl. ab 10 Uhr bis
  zum Einbruch der Dämmerung.
- Eintritt: 1500 Ft, mit der Budapest-
  Card kostenlos › S. 25.

Eine Zeitreise in die Ära des Eisernen Vorhangs unternimmt man mit
dem Besuch des Memento Park. Auf
dem weitläufigen Freigelände am
südwestlichen Rand der Stadt haben die 1989/90 ausrangierten Monumente des Sozialismus eine neue
Heimat gefunden. Die Parkanlage
wurde nach einem Entwurf des Architekten Ákos Eleöd gestaltet.
Während in anderen ehemals kommunistischen Staaten diese Skulpturen meist vernichtet wurden, erfüllen sie in diesem zeitgeschichtlichen
Themenpark weiterhin eine wichtige Funktion, indem sie zum Nach-
denken über die Ära der kommunistischen Diktatur anregen.

Gigantische Kunstwerke, die über
40 Jahre die öffentlichen Plätze
Budapests dominierten – beispielsweise allegorische Darstellungen
der ungarisch-sowjetischen Freund-
schaft oder der Befreiung – sind
genauso zu finden wie die Denk-
mäler der einst allgegenwärtigen
geistigen Führer Lenin, Marx, En-

Im Memento Park fanden die gestürzten Helden des Kommunismus Asyl

gels, Dimitrow, Béla Kun und anderer kommunistischer Helden. Am Parkeingang steht ein Trabant, der zwar nicht mehr fährt, in dem man aber Probe sitzen kann. Hier ist auch eine **Infobroschüre** mit Erläuterungen zu den Exponaten und einem Geländeplan erhältlich.

Ein Rundgang durch den Park führt früher oder später zur authentisch rekonstruierten **Ehrentribüne,** die einst an der Aufmarsch-Allee Dózsa György út am Rand des Stadtwäldchens stand, mit **Stalins Stiefeln** als Dokument des Freiheitswillens der mittel- und osteuropäischen Völker. › mehr S. 17 Punkt **31**

Ausstellungen über die Revolution von 1956, die Wende 1989 sowie das Konzept des Memento Parks liefern Hintergrundinformationen. Der **Red Star Store** bedient Nostalgiker mit Souvenirs, Kunst und Kitsch aus der Zeit des kommunistischen Regimes.

INFO

Memento Park

• XXII. | Balatoni út/Szabadkai utca | Buda
Tel. 424-7500 | www.mementopark.hu

BUDAER BERGE

VERLAUF: Széchenyi-Berg › Kindereisenbahn › Johannesberg › Paulinerkloster Budaszentlőrinc

KARTE: Seite 138
DAUER: 8 Std.
PRAKTISCHE HINWEISE:

• Straßenbahnen 56, 56A, 59, 61 ab Ⓜ **Széll Kálmán tér** bis Városmajor, weiter mit Zahnradbahn 60
• Kindereisenbahn im Sommer tgl. 9–19, Sept.–April Di–So 9–17 Uhr
• Sessellift Mai–Aug. tgl. 10–19, April, Sept. 10–18 Uhr, sonst kürzer
• Zahnradbahn Mo–Fr tgl. 5–23 Uhr alle 20 Min., Sa, So alle 15 Min.

Der Elisabeth-Turm auf dem János-hegy ist Kaiserin Sisi gewidmet

Wenn es im Hochsommer im Stadtzentrum heiß und stickig ist, zieht es
die Budapester an die frische Luft –
ein beliebtes Ausflugsziel sind dann
die Budaer Berge am westlichen
Stadtrand. Hier stehen ein dichtes
Netz von Wanderwegen und Moun-
tainbikerouten, Spiel- und Sportein-
richtungen zur Verfügung – die ganze Familie kann nach Belieben aktiv
werden. › mehr S. 13 Punkt **6**

SZÉCHENYI-BERG **3**

Von der Talstation beim Városmajor schlängelt sich die Zahnradbahn
60 *(Fogaskerekű)* auf ihrer knapp
4 km langen Reise vorbei an Gärten,
Wäldern und Villen hinauf zum
Széchenyi-Berg (Széchenyi-hegy).
Ein einfacher Fahrschein der Verkehrsbetriebe genügt; für Besitzer
der Budapest Card › S. 25 ist die
Fahrt kostenlos.

Diese bemerkenswerte Lösung zur Überwindung von 450 Höhenmetern planten Schweizer Ingenieure 1874 nach dem Vorbild der Rigi-Bahn bei Luzern. Damals schleppte noch eine Dampflokomotive die offenen Waggons vom Frühjahr bis zum Herbst auf den Berg und wieder hinunter ins Tal. 1910 elektrifiziert, wurde die Strecke im Jahre 1973 grundlegend erneuert, die Triebwagen modernisiert. Es können auch Fahrräder mitgenommen werden (zusätzlicher Fahrschein nötig).

Bei der Bergfahrt sollte man nach Möglichkeit einen Sitzplatz mit dem Rücken zur Fahrtrichtung einnehmen: So hat man einen besseren Blick auf die Stadt.

KINDEREISENBAHN

Die bereits an der Endstation der Zahnradbahn ausgeschilderte Kindereisenbahn (Gyermekvasút) wurde nach dem Zweiten Weltkrieg als Pioniereisenbahn errichtet. Den Dienst versehen – unter der Aufsicht von Erwachsenen – Kinder im Alter von 10 bis 14 Jahren. Die Strecke der eingleisigen Schmalspurbahn ist 11 km lang, der Höhenunterschied zwischen den Endstationen Széchenyi-hegy und Hűvösvölgy beträgt 235 m. Die Bahn verkehrt nach eigenem Fahrplan (www.gyermekvasut.hu), in der Regel alle 45–60 Min. Dieses Familienvergnügen ist mit 800 Ft für Erwachsene und 400 Ft für Kinder erfreulich preiswert. Am Wochenende finden im Frühjahr, Herbst und an Feiertagen zusätzlich Fahrten mit Nostalgiezügen statt.

AUSSICHT VOM JÁNOS-HEGY

Der höchste Punkt an der Bahnstrecke, der Normafa (477 m), ist ein sehr beliebtes Ausflugsziel in den Budaer Bergen. Bei Csillebérc befindet sich ein Abenteuerpark, und bei Virágvölgy lohnt ein Abstecher nach Makkosmária, um dort die barocke Marienwallfahrtskirche aus dem 18. Jh. zu besuchen.

Wenn man bei der Station Jánoshegy aussteigt und auf den Berggipfel läuft, kann man vom dortigen **Elisabeth-Aussichtsturm** das Panorama ganz Budapests und seiner näheren Umgebung bewundern. Der János-hegy ist mit seinen 527 m die höchste Erhebung Budapests.

Vom Gipfel wieder ein Stück bergab gehend trifft man bald auf eine Bergwiese, wo man für die Talfahrt auf ein anderes Verkehrsmittel überwechselt, den **Sessellift** (Zugligeti Libegő). Er überwindet auf der 1040 m langen Strecke etwa 260 Höhenmeter. Die Doppelsitze schweben zwischen János-hegy und Zugliget, vorbei geht es an Bäumen und Felsen, 8 m über dem Boden (www.bkv.hu, 1000 Ft, Kinder 600 Ft). Von der Talstation gelangt man mit Bus 291 zurück in die Stadt.

RESTAURANT

Szép Ilona Vendéglő €

Das beliebte Ausflugslokal mit lauschiger Gartenterrasse serviert herzhafte ungarische Küche in großen Portionen. Von der Endstation des Sessellifts fährt Buslinie 291 in 5 Min. zur Haltestelle Szépilona.

- II. | Budakeszi út 3
  Tel. 275-1392 | www.szepilonavendeglo.hu
  Tgl. 12–23 Uhr

Wer nun auf den Geschmack ge-kommen ist, kann mit der Eisen-bahn noch weiterfahren. Bei Szép-juhászné sind die Ruinen des **Paulinerklosters von Budaszent-lőrinc** zu besichtigen, im 14. Jh. Zentrum des Ordens und Aufbe-wahrungsort der Reliquien des hl. Paulus von Theben. Die Pauliner gründeten und betreuten im 14. Jh. mehrere Wallfahrtsorte in Ungarn, der Slowakei und Polen, darunter Częstochowa. An der Endstation Hűvösvölgy kann man sich in einer Ausstellung mit der Geschichte der alten Eisenbahn beschäftigen. Mit der Straßenbahn geht es danach zu-rück zum Széll Kálmán tér.

FRIEDHÖFE 4

VERLAUF: Neuer Städtischer Fried-hof (Parzelle 301) > Jüdischer Fried-hof (Schmidl-Mausoleum)

KARTE: Seite 138
DAUER: 4–5 Std.
PRAKTISCHE HINWEISE:
• Mit Straßenbahn 28, 28A oder 37 ab Ⓜ **Blaha Lujza tér**, Ecke Néps-zínház utca in ca. 35–40 Min.
• Alle drei Linien fahren den Neuen Städtischen Friedhof (Új köztemető) an, zum Jüdischen Friedhof (Izraelita temető) fährt die 28.

Dieser Spaziergang verspricht Ruhe und Besinnlichkeit, erinnert er doch an manch tragische Epoche der ungarischen Geschichte. Am besten spaziert man einfach auf dem riesigen Areal umher und lässt die Gedanken schweifen. Im Som-mer ist es dort angenehm kühl, aber auch im Winter ist der Spaziergang sehr reizvoll. Dann liegt Schnee auf den Grabsteinen, es ist klirrend kalt, still und schön.

NEUER STÄDTISCHER FRIEDHOF

Im X. Bezirk, östlich des Zentrums, weit außerhalb der Stadt wurde 1886 der Neue Städtische Friedhof angelegt und seitdem mehrmals er-weitert. Das weitläufige Friedhofs-gelände ist übersichtlich in nummerierte Parzellen gegliedert. Der erste Soldatenfriedhof wurde 1903 auf zwei Parzellen eingerichtet. Nach dem Zweiten Weltkrieg waren hier über 20 000 Soldaten beerdigt, 1955 ließen die Behörden die Gräber ein-ebnen, da die finanziellen Mittel für den Unterhalt fehlte.

Im Büro der Friedhofsverwal-tung links vom Eingang ist für we-nige Forint ein **Friedhofsplan** er-hältlich (auf Ungarisch). Man darf sogar mit dem Auto durch den Friedhof fahren, also auch die ca. 2,5 km lange Strecke vom Haupt-eingang zur Parzelle 301.

HELDENGRÄBER

Vom Haupteingang kommend ge-langt man auf einen schnurgeraden Weg, der das Gelände in der Längs-richtung durchschneidet. Am bes-ten folgt man ihm und macht ab und zu einen Abstecher zur Seite.

Die sogenannten Heldengräber sieht man gleich am Anfang linker Hand in den Parzellen 5–7, 16–18 und 28–31. Unter ihnen befinden

Immer mit Blumen geschmückt ist das symbolische Grab von Imre Nagy in Parzelle 301

sich martialisch anmutende Monumente zum Gedenken an Jagdflieger und andere Kämpfer des Zweiten Weltkriegs.

In der Parzelle 75 sind einige Parteigrößen aus der sozialistischen Ära bestattet. Noch immer werden hier regelmäßig Blumengebinde niedergelegt – meist allerdings still und heimlich, um kritischen Blicken zu entgehen.

PARZELLE 301: OPFER DES AUFSTANDS VON 1956

Geht man den Hauptweg weiter bis zum Ende und wendet sich dann nach links, erreicht man nach etwa 400 m die tragisch-berühmte Parzelle 301, Symbol für die blutig niedergeschlagene Revolution von 1956. Man betritt das Areal durch ein siebenbürgisches geschnitzte

Holztor. Auf dem etwa 200 × 100 m großen Gelände wurden die Toten verscharrt, Gefallene und Exekutierte. Zur Zahl der Hingerichteten gibt es keine genauen Angaben – fast alle schriftlichen Unterlagen wurden vernichtet. 1990 wurden, nach einer nachträglichen feierlichen Beisetzung, etwa 1000 geschnitzte Totempfähle aufgestellt; jeder steht stellvertretend für einen Verstorbenen.

Um jedes einzelne Grab auf dieser Parzelle rankt sich eine Geschichte, eine Tragödie. Etwa um Péter Mansfeld im fünften Grab in der 19. Reihe. Der Schüler war bei seiner Festnahme gerade erst 17 Jahre alt. Mit seiner Hinrichtung wartete man, bis er das gesetzlich vorgeschriebene Mindestalter von 18 Jahren erreicht hatte.

Beim Mausoleum der Familie Schmidl trifft Jugendstil auf ungarische Volkskunst

Im hinteren Teil liegt das **Grab von Imre Nagy,** Ministerpräsident während der Revolution und ihr Anführer. Er wurde am 16. Juni 1958 wegen »Verrats am sozialistischen Vaterland« in einer Nacht- und Nebelaktion hingerichtet und irgendwo auf dieser Parzelle in einem Massengrab verscharrt. 31 Jahre später, am 16. Juni 1989, setzte man ihn in einer Feierstunde offiziell bei – allerdings nur symbolisch. Sein Leichnam wurde nie gefunden.

JÜDISCHER FRIEDHOF

Der jüdische Friedhof wurde 1893 eröffnet und ist heute Ungarns größter. Wie viele Menschen auf dem verwunschenen, weitläufigen Gelände beerdigt sind, weiß niemand genau. Männliche Besucher sollten aus Achtung vor dem jüdischen Glauben eine Kopfbedeckung tragen. Sie wird bei Bedarf am Eingang verliehen.

Viele Gräber zeugen auf eindrucksvolle Weise vom Reichtum und der Bedeutung der jüdischen Vorkriegsgemeinde. Das weithin bekannte **Schmidl-Mausoleum,** ein Juwel des Jugendstils, befindet sich rechts von der Eingangshalle. Es wurde von Béla Lajta (1873–1920) gestaltet, einem Schüler Ödön Lechners. Ganz in Türkisblau gehalten, ist es reich mit floralen Ornamenten verziert, die der ungarischen Volkskunst entlehnt sind. Der Vielfalt der Schmuckmotive entspricht die Bandbreite der verwendeten Materialien: Majolikafliesen und Keramikelemente, Buntglas und Schmiedeeisen.

Um zwei weitere, allerdings schlichtere Werke Lajtas (insgesamt gibt es auf dem Friedhof ungefähr 20) handelt es sich beim **Mausoleum der Familie Gries** und beim **Grabstein für Sándor Epstein,** beide in unmittelbarer Nachbarschaft des Schmidl-Mausoleums gelegen.

Sehenswert sind auch das **Grab der Familie Wellisch** und die **Ruhestätte von Konrád Polnay.**

Der Jüdische Friedhof ist nicht nur ein Ort der Ruhe, sondern zugleich auch Mahnmal. An vielen Stellen wird – besonders nahe dem Haupteingang – an die Gräueltaten der Nazis erinnert.

EXTRA-TOUREN

ROMANTISCHES WOCHENENDE IN BUDAPEST

VERLAUF: Váci utca › Vörösmarty tér › Kettenbrücke › Donaukorso › Burgviertel ›
Matthiaskirche › Fischerbastei › Burgpalast › Gellért-Bad › Heldenplatz › Stadtwäldchen › Andrássy út

DAUER: 3 Tage, reine Gehzeit insgesamt ca. 8 Std.
VERKEHRSMITTEL: 1. TAG: Start- und Endpunkt Ⓜ **Ferenciek tere**
2. TAG: Startpunkt Ⓜ **Széll Kálmán tér.** Mit dem Bus (Linie 16, 16A, 116) vom Széll
Kálmán tér/Ecke Várfok utca in die Burg (Haltestelle Szentháromság tér). Zum Gellért-Bad vom Fuß des Burghügels mit der Straßenbahn (Linien 19 oder 41), von dort
mit Bus 7 zum Endpunkt Ⓜ **Ferenciek tere**
3. TAG: Startpunkt Ⓜ **Heldenplatz.** Zu Fuß oder mit der U-Bahn-Linie M1 bzw.
oberirdisch mit Bus 105 zum Endpunkt der Tour Ⓜ **Deák Ferenc tér**

Ein Wochenende ist ideal, um die reizvollsten und romantischsten Seiten
Budapests zu entdecken. Da ist Zeit, in gemütlichen Kaffeehäusern zu pau-
sieren, in einem der schönsten Jugendstilbäder der Welt zu entspannen und
einen unvergesslichen Konzertbesuch zu genießen.

1. TAG: Am NACHMITTAG bummelt man vom Ferenciek tere zur **Váci utca**
› S. 91, der bekanntesten Flaniermeile der Stadt mit Luxusgeschäften, Straßencafés und idyllischen Innenhöfen. Am **Vörösmarty tér** › S. 84 lohnt ein
Blick ins legendäre Kaffeehaus **Gerbeaud** › S. 85. Der Weg führt zum Széchenyi István tér mit dem Jugendstiljuwel **Gresham-Palast** › S. 98 vis-à-vis
der **Kettenbrücke** › S. 98. Auf dem **Donaukorso** › S. 88 geht es mit grandio-
sem Blick auf Fluss und Burgberg zur **Elisabethbrücke** › S. 90 und zum
Ausgangspunkt zurück. Vom Vigadó tér legt das Candlelight-Dinner-Schiff
zur Fahrt auf der abendlichen Donau ab › S. 149.

2. TAG: Der VORMITTAG ist dem **Burgviertel** › S. 66 gewidmet. Man besucht
die **Matthiaskirche** › S. 70 und die **Fischerbastei** › S. 71 mit überwältigen-
der Aussicht und schwelgt anschließend in der Biedermeier-Konditorei
Ruszwurm › S. 87 in süßen Köstlichkeiten. Für den Bummel durch die Gas-

sen zum **Burgpalast** › S. 66 und der **Nationalgalerie** › S. 67 sollte man sich
Zeit lassen. Ein kurzer Straßenbahntrip führt zum **Hotel Gellért** › S. 30, wo
man stilvoll Mittag essen kann. NACHMITTAGS stehen Badefreuden im Jugendstilambiente des **Gellért-Bades** › S. 76 auf dem Programm. Ein Opernbesuch bildet den stimmungsvollen Ausklang des Tages.

3. TAG: Der Ausflug beginnt am **Heldenplatz** › S. 111 mit dem Millenniumsdenkmal und führt von dort ins **Stadtwäldchen** › S. 116 mit der **Burg Vajdahunyad** › S. 116 und dem berühmten **Széchenyi-Bad** › S. 117. Für Stärkung
sorgt anschließend das **Gundel** › S. 118, dessen flambierte Palatschinken legendär sind. Über die **Andrássy út** › S. 106 flaniert man zu Fuß und lässt das
mondäne Flair in einem der Cafés auf sich wirken.

DREI TAGE KULTUR PUR

VERLAUF: Burgviertel › Matthiaskirche › Nationalgalerie › Aquincum › Óbuda ›
Heldenplatz (Hősök tere) › Kunstmuseen › Andrássy út › Staatsoper › Parlament ›
St.-Stephans-Basilika › Große Synagoge › Jüdisches Museum

DAUER: 3 Tage, reine Gehzeit insgesamt ca. 12 Std. (ohne Besichtigungen)
VERKEHRSMITTEL:
1. TAG: Startpunkt Ⓜ **Széll Kálmán tér,** Bus (Linie 16, 16A, 116, Haltestelle Szentháromság tér). Abfahrt Standseilbahn, vom Clark Ádám tér mit Straßenbahn 19 oder 41
zum Batthyány tér, von dort **HÉV** (Szentendre) bis Endpunkt **Aquincum**
2. TAG: Startpunkt Ⓜ **Hősök tere,** eventuell mit U-Bahn M1 oder Bus 105 zum Endpunkt Ⓜ **Deák Ferenc tér**
3. TAG: Startpunkt Ⓜ **Kossuth Lajos tér;** Endpunkt Ⓜ **Deák Ferenc tér**

Wer möglichst viel vom reichhaltigen Kulturangebot Budapests mitnehmen
will, muss gut planen: Zu bestimmten Zeiten gibt es deutschsprachige Führungen im Parlament › S. 100 und in der Staatsoper › S. 107. Die Sehenswürdigkeiten im jüdischen Viertel sind samstags nicht zu besichtigen.

1. TAG: Den VORMITTAG verbringt man im historischen **Burgviertel** › S. 66.
Höhepunkte bilden die **Matthiaskirche** mit der Schatzkammer › S. 70, die
Fischerbastei › S. 71 und die Burganlage mit der **Nationalgalerie** › S. 67, der
bedeutendsten Sammlung ungarischer Malerei. NACHMITTAGS wandelt man

auf den Spuren der Römer. An der Straße nach Szentendre wurden Überreste der antiken Siedlung **Aquincum** › S. 133 freigelegt. Abends empfiehlt sich das Restaurant **Új Sipos Halászkert** › S. 133 zur Einkehr, wo man im hübschen Innenhof frischen Donaufisch genießen kann.

2.TAG: VORMITTAGS lässt man sich am **Heldenplatz** › S. 111 in 1000 Jahre ungarischer Geschichte entführen. Bei einem Bummel durch das **Stadtwäldchen** S. 116 entdeckt man das grandiose **Széchenyi-Bad** S. 117 und die **Burg Vajdahunyad** S. 116, ein fantasievolles Ensemble mit Elementen aus der ungarischen Architekturgeschichte. Am NACHMITTAG kann man eines der zahlreichen Museen an der Kulturmeile **Andrássy út** › S. 106 besichtigen. Empfehlenswert: Ungarische Kunst aus drei Jahrhunderten präsentiert das **KogArt-Haus** › S. 111, dessen Restaurant anschließend zu einer Pause im hübschen Garten einlädt. Das **Haus des Terrors** › S. 110 erinnert an die Opfer der faschistischen und kommunistischen Regimes. Wenn kein Opernbesuch geplant ist, lohnt die Führung durch das Gebäude der **Staatsoper** › S. 107. Tipp für den ABEND: Konzert mit anschließendem Besuch eines Lokals an der Andrássy út.

3. TAG: Vormittags nimmt man an einer deutschsprachigen Führung durchs **Parlament** › S. 100 teil. Anschließend kann man in der **St.-Stephans-Basilika** › S. 102 die Kuppel erklimmen und den Blick über Budapest genießen. Größter Schatz der Kirche ist die als Reliquie verehrte rechte Hand König

Blick über die Donau zum Burgberg mit Matthiaskirche und Fischerbastei

Stephans. Im jüdischen Viertel lohnen besonders der Besuch der **Großen Synagoge** › S. 119 und des **Jüdischen Museums** › S. 120. Nach der Einkehr in einem koscheren Restaurant empfiehlt sich ein Bummel durch das jüdische Viertel, bei dem man auf weitere jüdische Gebetshäuser wie die von Otto Wagner gebaute **Rumbach-Synagoge** stößt › S. 121.

TOUR 14

BUDAPEST EINMAL ANDERS

VERLAUF: Felsenkirche am Fuß des Gellért-Bergs › Labyrinth im Burgberg › Pál-völgyi-Tropfsteinhöhle › Szemlő-hegyi-Höhle

DAUER: ca. 6 Std.
VERKEHRSMITTEL: Startpunkt Ⓜ **Szent Gellért tér** (Felsenkirche); mit den Straßenbahnlinien 19 oder 41 zum Clark Ádám tér; Auffahrt zur Burg mit der Standseilbahn (Labyrinth); mit den Straßenbahnlinien 19 oder 41 weiter zum Batthyány tér, dort umsteigen auf HÉV-Linie H5 bis zur zweiten Station Szépvölgyi út. Vom nahen Kolosy tér mit Bus 65 oder 65A zur Haltestelle Pál-völgyi cseppkő-barlang (Tropfsteinhöhle). Ca. 15 Min. Fußweg auf der Szépvölgyi út zur Zöldmáli út, an der Kreuzung Haltestelle Bus 29 oder 111, zweiter Halt Szemlő-hegyi barlang (Höhle). Mit Bus 29 oder 111 zurück zum Kolosy tér, zu Fuß zum Endpunkt **HÉV-Station Szépvölgyi út.**

Eingang des Paulinerklosters

Kaum zu glauben, aber wahr – Budapest besitzt eine faszinierende Unterwelt. Die Thermalwasser schufen in den Budaer Bergen inmitten der Stadt zahlreiche Höhlen und Labyrinthe – diese Tour führt zu den schönsten und interessantesten. Wegen der niedrigen Temperaturen sollte man auch im Sommer in die Höhlen Jacken mitnehmen!

Die St.-Iwan-Höhle (5 Min. zu Fuß von der Haltestelle) wurde 1926 in den Gellértberg hinein zu einer einzigartigen **Felsenkirche** › S. 76 erweitert, davor steht das kleine neoromanische Paulinerkloster.

Tief unter der Budaer Burg (I., Eingang Úri u. 9) erwartet Besucher ein 1200 m langes **Höhlen- und Tiefkeller-Labyrinth** › S. 75 mit interessanten Ausstellungen zur Geschichte der Höhle, Dracula-Grotte und einem Wachsfigurenkabinett, bei dem in Kostüme der Staatsoper gekleidete Figuren einen Maskenball nachstellen.

Die **Pál-völgyi-Tropfsteinhöhle** ist mit 14 km die zweitgrößte Ungarns. Ein 500 m langer Wanderweg führt in eine märchenhafte Welt bizarrer Felsenformationen (II., Szépvölgyi út 162, Führungen Di–So 10.15–16.15 Uhr, 15 Min. nach jeder vollen Stunde, www.palvolgyibarlang.hu, 1400 Ft).

In der **Szemlő-hegyi-Höhle** entdeckt man Steinrosen und Erbsensteine. Kinder mögen die Tier-Formationen und den »Schneewittchen-und-die-sieben-Zwerge«-Saal am liebsten (II., Pusztaszeri út 35, Führungen Mi–Mo 10–16 Uhr, jeweils zur vollen Stunde, www.szemlohegyi.hu, 1400 Ft, Kombiticket für beide Höhlen 2000 Ft).

AUF DER SCHÖNEN BLAUEN DONAU

VERLAUF: Anleger Vigadó tér › Kettenbrücke › Burgberg › Parlament › Margareteninsel

---

KARTE: siehe Faltkarte
DAUER: 1–2 Std.
VERKEHRSMITTEL: Ausgangs- und Endpunkt ist der Anleger **Vigadó tér;** in der Nähe liegen die U-Bahn-Station Ⓜ **Vörösmarty tér** und die Haltestelle **Vigadó tér** (Tram 2, Bus 15, 115).

Von seiner schönsten Seite präsentiert sich Budapest von der Donau aus. Auf den Ausflugsschiffen erlebt man das UNESCO-Weltkulturerbe – die weltberühmten Baudenkmäler und historischen Brücken – aus einer besonders reizvollen Perspektive. Alle Veranstalter bieten die Tages- und Abendfahrten auch in Kombination mit attraktiven Programmen an: Opernmelodien, Folklore, Candlelight-Dinner usw. › S. 151.

Ausführliche Infos bekommt man bei: **Hungária Koncert** (V., Zrínyi u. 5, Tel. 317-1377, www.hungariakoncert.hu), **Mahart Passnave** (V., Vigadó tér, Tel. 484-4013, www.mahartpassnave.hu), **Program Centrum Travel Agency** (VII., Asbóth u. 14, Tel. 20-944-9091, www.programcentrum.hu), **Legenda** (V., Vigadó tér, Ponton 7, Tel. 317-2203, www.legenda.hu).

ROMANTIK AM DONAUKNIE

Pastellfarbene Fassaden verleihen dem Städtchen Szentendre mediterranes Flair

SZENTENDRE

Das Künstlerstädtchen **Szentendre** etwa 20 km nördlich von Budapest ist ein beliebtes Ausflugsziel. Die schön renovierte Altstadt mit den schmalen Gassen gestalteten im 18. Jh. zugewanderte Serben. Ihre Kultur, Religion und Bräuche sorgen für die einzigartige Atmosphäre des Städtchens, dessen Zentrum der von barocken Bürgerhäusern umstandene Fő tér mit der serbisch-orthodoxen Mariä-Verkündigungs-Kirche bildet. Vom Templom tér genießt man eine zauberhafte Aussicht über Kirchtürme und Ziegeldächer zu den Donauauen.

- Tourismusinformation
  Dumtsa Jenő u. 22 | 2000 Szentendre
  Tel. 26-317-965
  www.szentendreprogram.hu
  Tgl. 9–13, 13.30–18 Uhr

MUSEEN UND GALERIEN

Für seine Größe besitzt das beschauliche Städtchen erstaunlich viele sehenswerte Museen. In den 1920er-Jahren richteten viele Künstler hier ihre Ateliers ein, unter ihnen **Béla Czóbel** (1880–1976), der Nestor der ungarischen Malerei, sowie die Keramikerin und Bildhauerin **Margit Kovács** (1902–1977), deren Werke ungarische Volkskunstmotive mit Einflüssen der naiven serbischen Ikonenmalerei verbinden.

Freunde der süßen Köstlichkeit aus Mandeln, Zucker und Rosenwasser sowie Liebhaber von Pralinen kommen im **Marzipanmuseum** der bekannten Manufaktur Szamos voll auf ihre Kosten.

- Béla-Czóbel-Museum
  Templom tér 1 | Tel. 20-779-6657
  Di–So 10–18 Uhr, 1200 Ft

- **Margit-Kovács-Museum**
  Vastagh György u. 1 | Tel. 20-779-6657
  www.muzeumicentrum.hu | Tgl. 10–18 Uhr
  1200 Ft, Kombiticket mit anderen
  Szentendrer Museen, z. B. Béla-Czóbel-
  Museum, 1400 Ft
- **Szamos-Manufaktur**
  Dumtsa Jenő u. 14 | Tel. 26-311-931
  www.szamosmarcipan.hu
  Tgl. 9–18 Uhr, 500 Ft

ETHNOGRAFISCHES FREILICHTMUSEUM

Unbedingt sollte man Ungarns äl-
testes und größtes **volkskundli-
ches Freilichtmuseum** aufsuchen.
Alle zwei Stunden fahren Busse vom
Bahnhof zum Skanzen, etwa 5 km
außerhalb des Zentrums. In einem
60 ha großen Naturschutzgebiet
präsentieren sich typische Gebäude
aller Regionen des Landes aus mehreren Jahrhunderten. Die alten Bau-
ernhäuser wurden an ihrem ur-
sprünglichen Standort abgetragen
und im Freilichtmuseum originalgetreu wieder aufgebaut. In den Scheu-
nen, Häusern und Gärten werden
alte Handwerksberufe und Tätigkei-
ten aus dem ländlichen Umfeld vorgestellt. Eisenbahnfreunde können
eine Runde mit dem liebevoll restaurierten Triebwagen von 1932 drehen.
In der historischen Gaststätte (www.
skanzenfogado.hu) aus der ungarischen Tiefebene im Freilichtmuseum werden typische Gerichte dieser
Region serviert.

- **Szabadtéri Néprajzi Múzeum**
  Sztaravodai út | Tel. 26-502-501
  www.skanzen.hu
  April–Okt. Di–So 9–17 Uhr, zusätzlich an
  Ostern, 2000 Ft

ANREISE MIT DEM SCHIFF

Für Romantiker ist die 90-minütige
Fahrt nach Szentendre ein Erlebnis.
Vom Budapester Vigadó tér legt von
Ende April bis Anfang Oktober tgl.
außer Mo um 10 Uhr ein Schiff ab;
Rückfahrt 17 Uhr. Im Juli/August
fährt das Schiff Sa und So bis Vise-
grád weiter (Rückfahrt 17.30 Uhr).

- **Mahart Passnave**
  V. | Vigadó tér | Pest | Tel. 484-4000
  www.mahartpassnave.hu

VISEGRÁD UND ESZTERGOM

Wer seinen Ausflug auf ein Wochenende ausdehnen möchte: In **Visegrád,** 44 km nördlich von Budapest,
stehen die Ruinen der königlichen
Burg, die im 15. Jh. eine der schönsten Herrscherresidenzen Europas
war und in Ungarns Geschichte eine
Schlüsselrolle spielte. Eine Ausstellung beleuchtet ihre Geschichte.
24 km weiter westlich in **Esztergom**
imponiert die klassizistische Basilika mit ihrem Kirchenschatz. Gut
essen kann man im nahe gelegenen
Restaurant **Prímás Pince**.

- **Burg Visegrád**
  Várhegy
  Mai–Sept. 10–18, Nov.–Febr. 10–16,
  März/April, Okt. 10–17 Uhr, 1700 Ft
- **Basilika Esztergom**
  Szent István tér 1
  www.bazilika-esztergom.hu
  Tgl. 8–17 Uhr, Aussichtsplattform April
  bis Okt. 9.30–17 Uhr, Kirche gratis,
  Schatzkammer 900 Ft, Aussichtsplatt-
  form 700 Ft
- **Restaurant Prímás Pince**
  Szent István tér 4 | 2500 Esztergom
  Tel. 33-541-965 | www.primaspince.hu
  Mo–Do 10–21, Fr, Sa 10–22, So 10–17 Uhr

INFOS VON A–Z

ÄRZTLICHE VERSORGUNG

Die ungarischen Ärzte haben einen guten Ruf; Praxis- und Krankenhauseinrichtungen sind jedoch oft noch alt und einfach. Ungarische Kassenärzte und Krankenhäuser behandeln bei Vorlage der europäischen Krankenversicherungskarte im Krankheitsfall kostenlos. Privatpraxen bestehen auf Barzahlung. Empfehlenswert ist der Abschluss einer privaten Auslandskrankenversicherung – er garantiert freie Arztwahl und Rücktransport im medizinischen Notfall.

- **Ärztlicher Notdienst**
  SOS Hungary | Tel. 240-0475
  www.soshungary.hu
- **Zahnärztlicher Bereitschaftsdienst**
  SOS Dent | Tel. 30-383-3333
  www.sosdent.hu
- **Apotheken – 24-Std.-Dienst**
  Fővám téri patika | V. | Pest
  Fővám tér 4 | Tel. 269-9525;
  Teréz Gyógyszertár | VI. | Pest
  Teréz krt. 41 | Tel. 311-4439

BARRIEREFREIES REISEN

Einrichtungen für Reisende mit Handicap sind in Budapest bislang eine Ausnahme. Nur wenige Busse, die Straßenbahnlinien 4 und 6 sowie die U-Bahn-Linie M4 sind barrierefrei zugänglich. Weitere Infos, auch zu Hotels, erteilt der Ungarische Behindertenverband MEOSZ (III., San Marco u. 26, Tel. 388-2387, www.meosz.hu).

DIPLOMATISCHE VERTRETUNGEN
- **Deutsche Botschaft**
  I. | Úri u. 64–66 | Buda
  Tel. 488-3500
  www.budapest.diplo.de
- **Österreichische Botschaft**
  VI. | Benczúr u. 16 | Pest
  Tel. 479-7010
  www.bmeia.gv.at/botschaft/oeb-budapest

- **Schweizer Botschaft**
  XIV. | Stefánia út 107 | Pest
  Tel. 460-7040
  www.eda.admin.ch/budapest

EINREISE

Für Touristen aus Deutschland, Österreich und der Schweiz genügt der Personalausweis bzw. die Identitätskarte. Kinder brauchen ein eigenes Reisedokument.

FEIERTAGE
- 1. Januar: Neujahr
- 15. März: Tag der Revolution von 1848 (Nationalfeiertag)
- Karfreitag und Ostermontag
- 1. Mai: Tag des EU-Beitritts
- Pfingstmontag
- 20. August: Tag des Heiligen Stephan (Nationalfeiertag)
- 23. Oktober: Tag der Revolution von 1956 (Nationalfeiertag)
- 1. November: Allerheiligen
- 25. und 26. Dezember: Weihnachten

GELD UND WÄHRUNG

Die ungarische Währung ist der Forint (Ft/HUF). Es gibt Münzen im Wert von 5, 10, 20, 50, 100 und 200 Forint. Scheine kursieren im Wert von 500, 1000, 2000, 5000, 10 000 und 20 000 Forint. Wechselkurs (Stand Dez. 2018): 1 € = 323 Ft, 1 CHF = 286 Ft; 100 Ft = 0,31 € bzw. 0,35 CHF. Aktuelle Tageskurse unter www.oanda.com.

Am günstigsten wechselt man bei Wechselstuben. Den schlechtesten Kurs erhält man an Grenzübergängen, am Flughafen, in den an frequentierten Orten der Stadt gelegenen Wechselstuben der Firma Interchange sowie in Hotels. Bei Bankfilialen kann man an Geldautomaten mit Bank- oder Kreditkarte Bargeld abheben. Die gängigen Kreditkarten werden fast überall akzeptiert.

GOTTESDIENSTE AUF DEUTSCH

- **Evangelische Gemeinde:**
  So, Fei 10 Uhr in der Kapelle
  I. | Táncsics M. u. 28 | Buda
  Tel. 212-8979 | www.kirche.hu
- **Katholische Gemeinde:**
  Heilige Messe, So, Fei 10.15 Uhr in der
  Kirche zu den Wundmalen des Hl. Fran-
  ziskus | I. | Fő u. 41 | Buda
  Tel. 30-565-1489 | www.elisabeth.hu

HAUSTIERE

Hunde und Katzen benötigen einen EU-
Heimtierpass, den der Tierarzt ausstellt
(Genauere Infos unter www.bundestier
aerztekammer.de). Zur Identifikation
müssen Tiere einen Mikrochip tragen.

INFORMATION

**Infopunkte des Städtischen
Tourismusamtes:**
- V. | Sütő u. 2 (Deák Ferenc tér) | Pest
  Tgl. 8–20 Uhr
- XIV. | Olof Palme sétány 5 | Pest
  Tgl. 9–19 Uhr
- XVIII. | Franz-Liszt-Flughafen
  Terminal 2A: tgl. 8–22 Uhr;
  Terminal 2B: tgl. 9–21 Uhr
  www.budapestinfo.hu
- Mobile Infostände mit grün-weißen
  Sonnenschirmen an zahlreichen fre-
  quentierten Plätzen

INTERNET

Fast alle Hotels stellen ihren Gästen einen
Internetanschluss bzw. WLAN zur Verfügung. Viele Einkaufszentren, Restaurants,
Cafés und Filialen von Fast-Food-Ketten
werben mit Gratis-WLAN.

KARTENVORVERKAUF

Programminfos und Ticketvorverkauf:
- **Ticketportal**
  VI. | Bajcsy-Zsilinszky út 49 | Pest
  Tel. 302-2942
  www.ticketportal.hu
  Mo–Fr 9–18 Uhr

Die 10 000-Forint-Note trägt das Bild von
König Stephan I.

- **Broadway**
  VII. | Károly krt. 21 | Pest
  Tel. 780-0780
  www.broadway.hu
  Mo–Fr 10–18 Uhr

NOTRUF (GEBÜHRENFREI)

- **Notrufzentrale**: Tel. 112
- **Polizei** (Rendőrség): Tel. 107
- **Feuerwehr** (Tőzoltóság): Tel. 105
- **Rettungsdienst** (Mentők): Tel. 104
- **Auto-Pannendienst**: Tel. 188
- **ADAC-** und **ÖAMTC-Notrufstation** in
  Budapest: Tel. 345-1717 (rund um die
  Uhr besetzt)

💬 **URLAUBSKASSE**

• Tasse Espresso:	1,50 €
• Softdrink:	1,50 €
• Glas Bier:	2 €
• Kolbász (heiße Schweinswurst):	3 €
• Kugel Eis:	1 €
• Taxifahrt (pro km):	1 €
• Mietwagen/Tag:	60 €

ÖFFNUNGSZEITEN

Kleine Geschäfte in der Innenstadt haben in der Regel Mo–Fr 10–19 und Sa 9–13 Uhr geöffnet, Filialisten internationaler Ketten tgl. 10–20 Uhr. In fast allen Stadtteilen gibt es Lebensmittelläden, in denen man Mo–So bis 22 Uhr einkaufen kann. Banken haben meist Mo–Fr 9–16 Uhr geöffnet, Wechselstuben länger, viele auch Sa, So. Die Museen sind bis auf wenige Ausnahmen montags geschlossen.

POST

Die Briefkästen in Budapest sind rot. Zwei zentrale Postämter haben länger und auch am Sa bzw. tgl. geöffnet:
- Postamt Westbahnhof (Nyugati pu.)
  VI. | Teréz krt. 51 | Pest
  Mo–Fr 7–20, Sa 8–18 Uhr
- Postamt Ostbahnhof (Keleti pu.)
  VIII. | Baross tér 11 | Pest
  Tgl. 0–24 Uhr

RAUCHEN

In Ungarn ist das Rauchen in Restaurants, öffentlichen Gebäuden und Verkehrsmitteln, aber auch an Haltestellen, auf Spielplätzen und in der Nähe von Schulen verboten. Vor Lokalen muss man einen Abstand von 5 m zur Eingangstür halten. Tabakwaren werden in speziellen Geschäften mit staatlicher Konzession (Nemzeti Dohánybolt) verkauft.

SICHERHEIT

Ungarn ist ein sicheres Reiseland. Doch Achtung: Trickdiebe sind in der Nähe von touristischen Sehenswürdigkeiten, in öffentlichen Verkehrsmitteln und auf Märkten aktiv. Papiere, Geld oder Kreditkarten sollte man in gut verschließbaren Innentaschen tragen und nur wenig Bargeld mitnehmen. Wertsachen sollte man nicht im Auto liegen lassen. In Gaststätten verlangt man sicherheitshalber vorher die Speise- oder Getränkekarte mit Preisen. Geld tauscht man nicht auf der Straße.

TELEFON

Öffentliche Telefone gibt es noch in einigen Unterführungen von U-Bahn-Stationen. Sie akzeptieren Münzen, manche auch Euro. Inlandsferngespräche beginnen immer mit 06, dann folgt die Ortskennzahl (für Budapest: 1) oder die der Handygesellschaft (20, 30, 70 oder 71), zuletzt der Teilnehmer.

Die Roaminggebühren für Gespräche mit dem Handy wurden 2017 in der EU abgeschafft, man telefoniert zum gleichen Tarif wie zu Hause. Mit Telefonie-Apps wie VoIP oder WhatsApp kann man aus einen WLAN-Netz heraus kostenlos Gespräche führen.

Landesvorwahlen:
- Ungarn 0036
- Deutschland 0049
- Österreich 0043
- Schweiz 0041

TRINKGELD

In Hotels und Restaurants sind 10 % des Rechnungsbetrages als Trinkgeld üblich. Fremdenführer und Taxifahrer freuen sich über eine kleine Anerkennung. Dem Prímás einer Musikkapelle gibt man einen Schein, wenn man ihn gebeten hat, am eigenen Tisch zu spielen.

ZOLL

Gegenstände des persönlichen Bedarfs können innerhalb der EU unbegrenzt zollfrei ein- und ausgeführt werden. Über die Freimengen pro Erwachsenem für Tabak und Alkohol informieren die Zollbehörden des Heimatlandes (www.zoll.de, www.bmf.gv.at, www.ezv.admin.ch). Für gefälschte Markenprodukte und Feuerwerkskörper gilt ein striktes Einfuhrverbot. Beim Kauf von Antiquitäten bzw. als Kulturgut definierten Objekten informiert man sich über die Ausfuhrbestimmungen im Geschäft oder beim Ungarischen Zoll: NAV, IX., Vaskapu u. 33–35, Tel. 428-5100, https://en.nav.gov.hu.

REGISTER

Akademie der Wissenschaften 98
Amphitheater 129
Andrássy út 104, 106
Apothekenmuseum 70
Aquincum 133
Aquincum Museum 134
Architektur 54
Árpád, Großfürst 114
Ärztliche Versorgung 152
Aufstand von 1956 143

Bártok, Béla 59, 109
Batthyány tér 81
Béla IV. 127
Bela VI. 66
Botschaften 152
Budaer Berge 139
Budapest Card 25, 140
Burgberg 66
Burgpalast 66
Burg Vajdahunyad 116
Burgviertel 66

Café Gerbeaud 85, 86
Calvin, Johannes 95
Clark, Adam 99
Clark, William 99
Corvin tér 81
Czóbel, Béla 150

Deák-Denkmal 98
Deák, Ferenc 98, 105
Deák tér 105
Diplomatische Vertretungen 152
Dísz tér 69
Donaukorso 88
Dreifaltigkeitsplatz 70

Eiffel, Gustave 109
Elisabeth-Turm 141
Elisabethbrücke 90
Elisabeth (Sisi) 137

Elisabethstadt 104, 119
Erkel, Ferenc 57, 107
Ernst, Lajos 108
Ernst-Museum 108
Esterházy-Sammlung 115
Esztergom 151
Evangelisches Landesmuseum 105

Fahrradverleih 26
Feiertage 152
Felsenkirche 76
Fény-utca-Markthalle 80
Ferenc-Hopp-Museum für Ostasiatische Kunst 111
Ferenc II. Rákóczi 100
Feszl, Frigyes 84, 119
Fischerbastei 71
Förster, Ludwig 119
Folklore 59
Franziskanerkirche 92
Franz Joseph I. 70
Franz-Liszt-Akademie für Musik 109
Freiheitsbrücke 93
Freilichtmuseum, Ethnographisches 151
Friedensdenkmal 76
Friedhöfe 142

Geld und Währung 152
Gellért-Bad 76, 79
Gellért-Berg 75
Getto 120
Gödöllő 137
Gozsd-Höfe 122
Gresham-Palast 30, 98
Gundel (Restaurant) 37, 41, 104, 118

Haus des Terrors 110
Haustiere 153
Heldengräber 142
Heldenplatz 111

Heldentempel 120
Herzl, Theodor 120
Hild, József 119
Hilton 71
Historisches Museum 68
Holocaust 120
Hunyadi, János 114

Imre-Varga-Sammlung 132
Innerstädtische Pfarrkirche 90
Internet 153

Japanischer Garten 129
Jüdischer Friedhof 144
Jüdisches Museum 120
Jugendstil 54, 78, 104

Kálmán, Emmerich 59
Kálvin tér 93, 95
Karl III. 66
Kettenbrücke 98
Kindereisenbahn 141
Klauzál tér 122
Klothildenpaläste 92
Kodaly körönd 111
Kodály, Zoltán 59, 109
KogArt-Haus 111
Kossut,h Lajos 100, 114
Kossuth Lajos tér 100
Kovács, Margit 150
Kriegshistorisches Museum 74
Kunstgewerbemuseum 97
Kunsthalle 115
Künstlerklub 123

Labyrinth 75
Lajos, Ernst 108
Lajos-Kassák-Gedächtnismuseum 133
Lajta, Béla 56, 144

Landwirtschaftsmuseum 117
Lapidarium 94, 135
Lechner, Ödön 55, 91, 97, 101, 106, 108
Leopold I. 116
Leopoldstadt 97
Liszt, Franz 57, 70, 107, 109
Literatur 57
Lotz, Károly 107
Lukács-Bad 78

Mammut, Einkaufszentrum 77
Markthalle 93, 101
Matthias Corvinus 54, 70
Matthiaskirche 70
Memento-Park 138
Militärstadt 133
Millenniumsdenkmal 114
Millennium-U-Bahn-Museum 106
Moszkva tér 77
Museum für Bildende Künste 115
Musikakademie 109
Múzeum körút 94

Nagy, Imre 50, 144
Nagytétény Schlossmuseum 97
Nationalgalerie 67
Nationalmuseum 94, 135
Neues Theater 122
Notruf 153

Obuda 125
Óbudaer Insel 135
Öffnungszeiten 154
Oper 59
Operette 59

Palais Drechsler 108
Palais New York 123
Palatinus-Strandbad 129
Pál-völgyi-Tropfstein-höhle 149

Parlament 100
Pester Redoute 84
Péterffy Palais 90
Petőfi, Sándor 90
Petőfi tér 90
Pollack, Mihály 94
Post 154
Postsparkasse 101
Prämonstratenserkloster 128

Ráday utca 96
Reformierte Kirche 95
Reisezeit 23
Ringstraße 110
Roosevelt tér 98
Rosengarten 128
Róth, Miksa 95
Rudas-Bad 78
Ruinengarten 133

Sándor-Palais 68, 69
Saxlehner-Palais 107
Schickedanz, Albert 115
Schiffsverkehr 151
Schloss Gödöllő 137
Schlossmuseum Nagytétény 97
Schloss Zichy 130, 132
Schulek, Frigyes 70
Sebestyén, Márta 60
Sicherheit 154
Sikló 69
Silberne Trauerweide 120
Sisi 70, 90
Staatsoper 59, 107
Städtischer Friedhof 142
Stadtwäldchen 104, 116
Steindl, Imre 101
Stephan I. 94, 102
St.-Gellért-Denkmal 75
St.-Michaels-Kirche 129
St.-Stephans-Basilika 102
Stüler, Friedrich August 98
Synagoge, Große 119

Szabadság tér (Freiheitsplatz) 101
Széchenyi-Bad 78, 117
Széchenyi-Berg 140
Széchenyi, Ferenc 67, 94
Széchenyi, István 98
Széchényi-Nationalbibliothek 68
Széll Kálmán tér 77
Szemlő-hegyi-Höhle 149
Szentendre 150
Sziget-Festival 59, 61, 135

Tanzhaus 60
Taxi 26
Telefon 154
Touristeninformation 153
Trinkgeld 154

Váci utca 91
Vajdahunyad 116
Varga, Imre 120
Városmajor Park 80
Vasarely-Museum 133
Verkehrsmuseum 117
Villa Herkules 134
Visegrád 151
Volksmusik 59
Vörösmarty, Mihály 84
Vörösmarty tér 84

Wagner, Otto 121
Wasserstadt 80
Wellness 78
Westbahnhof 109
Wiener Tor 74

Ybl, Miklós 98, 106, 107

Zahnradbahn 140
Zala, György 114
Zirkus 118
Zitadelle 76
Zoll 154
Zoo 118

BILDNACHWEIS

Coverfoto: Széchenyi-Bad, Budapest © laif/Pfütze, Sebastian

Fotos Umschlagrückseite: Huber Images/Schmid Reinhard (links); Jahreszeiten Verlag/GARP/Hänel, Gerald (Mitte); Alamy/Dagnall, Ian (rechts)

Alamy/Bognar, Tibor: 124; Alamy/Brooks, Michael: 12; Alamy/Dagnall, Ian: 82; Alamy/Horizon Images/Motion: 110; Alamy/Kerrison, Mark: 120; Alamy/robertharding: 9, 53; Alamy/Vallance, Peter: 128; Erdélyi, Gábor: 18; Fotolia/Risteski, Goce: 65; Fotolia/Tanya: 99; Fotolia/tilialucida: 71; Fotolia/tverkhovinets: 116; Getty Images: 22; Getty Images/Kisbenedek, Attila: 61; Getty Images/Maremagnum: 62/63; Huber Images/Schmid Reinhard: 6/7, 51; Jahreszeiten Verlag/GARP/Hänel, Gerald: 34, 49, 67; Jupiterimages/Hollweck: 104; Kálmar, János: 96, 119, 123; laif/Barth: 95; laif/EXPRESS-REA/Guilloteau, J. Paul: 143; laif/Häberle, Eva: 85; laif/Hahn, Paul: 59, 86, 108, 114, 144; laif/hemis.fr/Maisant, Ludovic: 16; Lookphotos/Mirau, R.: 68; Lookphotos/Pompe, Ingolf: 126; mauritius images/Alamy: 74; mauritius images/Alamy/Casella, Maria Grazia: 137; mauritius images/imageBROKER/Frey, Thomas: 107; mauritius images/imageBROKER/Williams, P.: 139; mauritius images/Photononstop: 103; Müller, Alice: 8, 27, 28; Radkai, Marton: 132; Schapowalow/Vaccarella, Luigi: 20/21; Seasons Agency/Jalag/Borges, Darshana: 31, 54, 55, 77; Shutterstock/acceptphoto: 81; Shutterstock/Andocs: 60; Shutterstock/Annto: 17; Shutterstock/Balodann: 19; Shutterstock/Bednarczyk, Piotr: 87; Shutterstock/Bogacki, Artur: 79; Shutterstock/Bontrager, Chad: 148; Shutterstock/Calapre, Pochoto: 44/45; Shutterstock/Dnieuwland: 100; Shutterstock/Fat, Jackey: 92; Shutterstock/GoneWithTheWind: 83; Shutterstock/Haidamac: 150; Shutterstock/Horvath, Botond: 140; Shutterstock/Jandi, Attila: 13; Shutterstock/Lan, Yu: 32; Shutterstock/Liptak, Robert: 153; Shutterstock/Mazzzur: 147; Shutterstock/Pfeiffer: 14; Shutterstock/photo.ua: 40; Shutterstock/Pixachi: 56; Shutterstock/posztos: 125, 135; Shutterstock/Rufo, Pedro: 42; Shutterstock/slavcic: 64; Shutterstock/Szuly, Adam: 136; Shutterstock/Vaclav: 10; Shutterstock/xmo: 93; Shutterstock/Zabotnova, Inna: 15; stock.adobe.com/Szabo, Sandor F.: 134.

Liebe Leserin, lieber Leser,

wir freuen uns, dass Sie sich für diesen POLYGLOTT on tour entschieden haben. Unsere Autorinnen und Autoren sind für Sie unterwegs und recherchieren sehr gründlich, damit Sie mit aktuellen und zuverlässigen Informationen auf Reisen gehen können. Dennoch lassen sich Fehler nie ganz ausschließen. Wir bitten Sie um Verständnis, dass der Verlag dafür keine Haftung übernehmen kann.

Ihre Meinung ist uns wichtig. Bitte schreiben Sie uns:

GRÄFE UND UNZER VERLAG
Postfach 86 03 66, 81630 München, Tel. 0 89 / 419 819 41
www.polyglott.de

LESERSERVICE
polyglott@graefe-und-unzer.de
Tel. 0 800 / 72 37 33 33 (gebührenfrei in D, A, CH), Mo–Do 9–17 Uhr, Fr 9–16 Uhr

1. Auflage 2019

© 2019 GRÄFE UND UNZER VERLAG GmbH, München
Dieses Buch wurde auf chlorfrei gebleichtem Papier gedruckt.
ISBN 978-3-8464-0400-3

Bei Interesse an maßgeschneiderten B2B-Editionen:
gabriella.hoffmann@graefe-und-unzer.de

Bei Interesse an Anzeigen:
KV Kommunalverlag GmbH & Co KG
Tel. 089/928 09 60
info@kommunal-verlag.de

Verlagsredaktion: Anne-Katrin Scheiter
Autoren: Alice Müller, Foolke Molnár
Redaktion: Anja Lehner
Bildredaktion: Katja Oweger
Mini-Dolmetscher: Langenscheidt
Umschlaggestaltung & Layout:
Independent Medien Design, München
Horst Moser (Artdirection), Lucie Heselich
Karten und Pläne: Theiss Heidolph
Kunth Verlag GmbH & Co. KG
Satz: Tim Schulz, Mainz
Herstellung: Anna Bäumner
Druck und Bindung:
Printer Trento, Italien

PEFC/18-31-506

Ein Unternehmen der
GANSKE VERLAGSGRUPPE

MINI-DOLMETSCHER UNGARISCH

ALLGEMEINES

Guten Morgen.	Jó reggelt kívánok. [joh **räg**·gält **kih**wahnok]
Guten Tag.	Jó napot kívánok. [joh **napot kih**wahnok]
Guten Abend.	Jó estét kívánok. [joh **äsch**teht **kih**wahnok]
Hallo!	Helló! [häl·lo]
Wie geht es Ihnen / dir?	Hogy van / vagy? [hodj wan / wadj]
Danke, gut.	Köszönöm jól. [**köß**önöm johl]
Ich heiße ...	... vagyok. [**wadj**ok]
Auf Wiedersehen!	Viszontlátásra! [**wiß**ontlahtahschra]
Morgen	reggel [**räg**·gäl]
Nachmittag	délután [**dehl**utahn]
Abend	este [**äsch**tä]
Nacht	éjszaka [**ehj**ßaka]
morgen	holnap [**hol**nap]
heute	ma [ma]
gestern	tegnap [**täg**nap]
Spricht hier jemand Deutsch / Englisch?	Beszél valaki németül / angolul? [**bäß**ehl **walaki nehm**ätül / **ang**olul]
Wie bitte?	Tessék? [**täsch**·schehk]
Ich verstehe nicht.	Nem értem. [näm **ehrt**·täm]
Sagen Sie es bitte nochmals.	Legyen szíves, mondja el még egyszer. [**lädj**än **ßih**wäsch, **mond**ja äl mehg **ätj**ßär]
..., bitte.	..., tessék. [**täsch**·schehk]
danke	köszönöm [**köß**önöm]
Gern geschehen.	Szívesen. [**ßih**wäschän]
was / wer / welcher	mi / ki / melyik [mi / ki / **mäj**ik]
wo / wohin	hol / hova [hol / **howa**]
wie / wie viel	hogyan / hány [**hodj**an / **hahn**j]
wann / wie lange	mikor / meddig [**mikor** / **mäd**·dig]
Wie heißt das auf ungarisch?	Hogy mondják magyarul? [hodj **mondj**ahk **madj**arul]
Wo ist ...?	Hol van ...? [hol wan]
Können Sie mir helfen?	Segítene? [**schäg**ihtänä]
ja	igen [**ig**än]
nein	nem [näm]
Entschuldigen Sie.	Elnézést kérek. [**äl**nehsehscht **kehr**äk]

SHOPPING

Wo gibt es ...?	Hol lehet ...-t kapni? [hol **läh**ät ...-t **kapn**i]
Wie viel kostet das?	Mennyibe kerül? [**män**·njibä **kär**ül]
Wo ist hier eine Bank?	Hol van a közelben bank? [hol wan a **kös**älbän bank]
Wo kann ich Geld wechseln?	Hol tudok pénzt váltani? [hol **tudok** pehnst **wahl**tani]
Geben Sie mir 100 g ... / ein Kilo ...	Tíz deka ... / egy kiló ... -t kérek. [tihs **däka** ... / ädj **kiloh** ...-t **kehr**äk]
Ich hätte gern eine deutsche Zeitung.	Kérek egy német újságot. [**kehr**äk ädj **nehm**ät **uhj**schahgot.
Wo kann ich telefonieren?	Honnan telefonálhatnék? [**hon**·nan **täl**äfonahlhatnehk]
Wo kann ich eine Telefonkarte kaufen?	Hol lehet telefonkártyát kapni? [hol **läh**ät **täl**äfonkahrtjaht **kapn**i]

ESSEN UND TRINKEN

Die Speisekarte, bitte.	Az étlapot kérem. [as **ehtl**apot **kehr**äm]
Brot	kenyér [**kän**jehr]
Kaffee	kávé [**kahw**eh]
Tee	tea [**täj**a]
Orangensaft	narancslé [**narant**schleh]
Suppe	leves [**läw**äsch]
Fisch	hal [hal]
Fleisch	hús [huhsch]
Geflügel	szárnyasok [**ßahrn**jaschok]
Beilage	köretek [**kör**ätäk]
Gemüse	zöldség [**sölt**schehg]
Mehlspeisen	tészták [**tehß**tahk]
vegetarische Gerichte	vegetáriánus ételek [**wäg**ätahriahnusch **eht**läk]
Eier	tojás [**toj**ahsch]
Salat	saláta [**schal**ahta]
Dessert	desszert [**däß**·ßärt]
Obst	gyümölcs [**djü**möltsch]
Eis	fagylalt [**fadj**lalt]
Wein	bor [bor]
weiß / rot	fehér / vörös [**fäh**ehr / **wör**ösch]
Bier	sör [schör]
Wasser	víz [wihs]
Mineralwasser	szénsavas
Limonade	[**ßehn**schawasch] limonádé [**limon**ahdeh]

MEINE ENTDECKUNGEN

....

....

....

....

....

....

....

....

....

....

....

....

....

....

....

....

....

Teilen Sie Ihre Entdeckungen auf facebook.com/Polyglottreisewelt.

CHECKLISTE BUDAPEST

Nur da gewesen oder schon entdeckt?

☐ **SIGHTSEEING MIT DER TRAM**
Die Straßenbahnlinie 2 zuckelt ganz gemächlich am Donauufer entlang und passiert dabei einige von Budapests wichtigsten Sehenswürdigkeiten. › S. 12

☐ **KAFFEEHAUSKULTUR K. U. K.**
In einem Palast aus der Gründerzeit residiert das Café New York. Hier schwelgt man, angenehm eingehüllt von dezenter Pianomusik, in opulentem Dekor und in feinsten Torten. › S. 123

☐ **BADEN WIE EIN PASCHA**
Wenn durch das bunte Glas in der Decke des Rudas-Bades Licht auf das Wasserbecken fällt, fühlt man sich in ein Märchen aus 1001 Nacht versetzt. › S. 78

☐ **GESCHICHTSLEKTION IM JUGENDSTIL**
Das prachtvolle Jugendstilmosaik am Giebel des ehemaligen Bankhauses Török lässt bedeutende Persönlichkeiten der Landesgeschichte aufmarschieren. › S. 17

☐ **DELI SHOPPING IN DER ZENTRALEN MARKTHALLE**
Mehr als 180 Stände verkaufen ungarische Spezialitäten, darunter auch Paprika in allen Schärfegraden. › S. 93

☐ **AUGENFLIMMERN**
Das erzeugt Victor Vasarely mit schlichten geometrischen Formen. Ausgestellt sind die farbintensiven Gemälde in einem Rokokoschlösschen in Óbuda. › S. 133

☐ **CSÁRDÁS-RHYTHMEN**
Im Operettentheater lassen mitreißende Melodien, Top-Solisten, opulente Kostüme und das festliche Ambiente den Funken vom ersten Takt an überspringen. › S. 17

💬 **MITBRINGSEL**

- **Papr!kum:** Knallrote, für ihr Design prämierte Gewürzmühle von Péter Toronyi › S. 17
- **Tokajer:** Der bekannteste Einzelerzeuger des goldgelben, edelsüßen Tropfens ist István Szepsy › S. 18